Günther Thomé

ABC und andere IRRTÜMER über ORTHOGRAPHIE RECHTSCHREIBEN LЯS/LEGASTHENIE

3., bearb. Auflage

isb. Verlag
Institut für sprachliche Bildung – Verlag

Bibliografische Information der Deutschen Nationalbibliothek
Die Deutsche Nationalbibliothek verzeichnet diese Publikation in der Deutschen Nationalbibliografie; detaillierte bibliografische Daten sind im Internet über http://dnb.ddb.de abrufbar.

3., bearbeitete Auflage 2014

Werbachstr. 16, 26121 Oldenburg
Druck und Bindung: Willers Druck
Gestaltung und Comics: D. Orie
Printed in Germany

ISBN 978-3-942122-05-4

Einer neuen Wahrheit
ist nichts schädlicher
als ein alter Irrtum.
Johann Wolfgang Goethe

Vorwort zur ersten Auflage

Ich freue mich sehr, dass Sie sich für das Thema Orthographie und Schriftspracherwerb interessieren! **Sie, liebe Leserin und lieber Leser**, werden an der einen oder anderen Stelle dieses Buches sagen: „**Das kann ja wohl nicht sein**!“ Ich habe mich aber nach bestem Wissen bemüht, wichtige Forschungsergebnisse vorzustellen. Einige davon werden wahrscheinlich Ihren bisherigen Ansichten und Meinungen über so alltägliche und allgegenwärtige Angelegenheiten wie das Schreiben und das Lesen widersprechen.

Zwei Figuren begleiten uns durch die Kapitel dieses Buches. Da ist zunächst **Herr B. Dachtemann** (Vorname: *Bisher*, Nachname: *Dachtemann,* er könnte auch eine „Sie“ sein und *Dachtefrau* heißen). Er sieht nichts Unbekanntes und keine „weißen Flecken“. Und mehr noch: Wenn es konträre Meinungen gibt, will er sie gar nicht sehen. Deshalb wurde auch dieses Buch geschrieben. Es sollen ein paar neuere Forschungsergebnisse dem herkömmlichen Meinen und Denken entgegengesetzt werden. Das wird viele, auch unseren Herrn Dachtemann, möglicherweise beunruhigen. Dachtemann ist übrigens nicht gemein oder dumm. Er denkt nur einfach genau das, was andere auch denken. Dachtemänner und -frauen sind wir (irgendwie, irgendwann und immer mal wieder) alle.

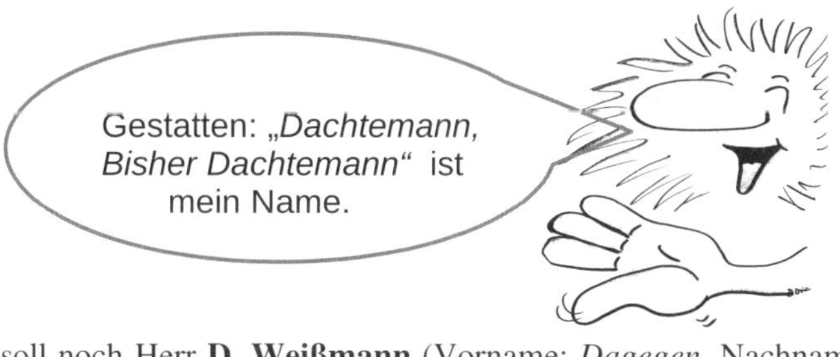

Nun soll noch Herr **D. Weißmann** (Vorname: *Dagegen*, Nachname: *Weißmann*) vorgestellt werden, der einige neuere Informationen hat. Auf alle Fälle täuscht der Name etwas. Unter uns: Herr Weißmann weiß auch nicht alles.

Ich danke ganz besonders meiner Frau, Dr. Dorothea Thomé, ohne die dieses Buch, wie so vieles andere, nicht hätte entstehen können. Mein Dank gilt auch Maria Fleiter, Bremen, der ich viele Anregungen und Hinweise verdanke.

Und nun kann es mit den sperrigen, **irrigen Tümern** losgehen.

Günther Thomé
Oldenburg und Frankfurt/M., im Mai 2011

Vorwort zur 2., überarbeiteten Auflage und
Vorwort zur 3., bearbeiteten Auflage

Es war ein Irrtum, dass die erste (und zweite) Auflage viele Jahre bestehen bleiben würde. Ich habe mich über die freundlichen Reaktionen natürlich sehr gefreut. Für die nützlichen Hinweise und Verbesserungen bedanke ich mich vor allem bei Beate Allgeier, Karl-Ludwig Herné und Christian Stang sowie dem Bundesverband Legasthenie und Dyskalkulie e. V. und bei LegaKids.

Günther Thomé
Oldenburg und Frankfurt/M., im November 2012
und im Dezember 2013

Inhalt

Welche hartnäckigen Irrtümer Ihrer Mitmenschen fallen Ihnen ein?

Hier ist eine kleine Sammlung möglicher Antworten.

Es ist seltsam, dass:

- sich in fast allen Jugendbüchern oder -filmen die Personen **vor** dem Frühstück die Zähne putzen,
- bei einer Fahrzeugpanne oder einem Unfall das Warndreieck immer wieder nur **knapp** hinter dem Auto platziert wird,
- in der Regel in US-amerikanischen Filmen die **erwachsenen Kinder** immer einen Kopf **kleiner** sind als ihre Eltern,
- man vieles weiß, aber **nicht** danach handelt,
- in Anbetracht des **Klimawandels** so wenig dagegen passiert,
- wir so viel **Bürokratie** dulden,
- man als Autor von wissenschaftlichen Büchern meist nur wenig (in der Regel **unter 100,- Euro pro Jahr**) oder gar kein Geld verdienen kann,
- **Lernen** immer noch so stiefmütterlich behandelt wird,
- in den Bildungsinstitutionen **so selten echte Verbesserungen** stattfinden und eher Strukturen als Inhalte verändert werden
- und …

Diese Liste zeigt schon, wie facettenreich und vielschichtig Irrtümer, Meinungen, Angewohnheiten und Missstände sein können.

Über Irrtümer im Allgemeinen

Der größte Zwerg oder der kleinste Riese?
Irren ist einfach? Einfach ist irre?

Gibt es ein Übergangsfeld zwischen Irrtum und Wahrheit? Ist ein kleiner Irrtum schon fast ein bisschen wahr? Doch lassen wir Klügere zu Wort kommen. Hier bietet sich – aktuell wie eh und je – **seit über 2.000 Jahren Aristoteles** an. In seinem Werk „Über die Philosophie als Wissenschaft von der Wahrheit“ führt er aus:

> „Die Betrachtung der Wahrheit ist in einer Beziehung schwer, in anderer leicht. Ein Zeichen dafür ist der Umstand, daß niemand in der Lage ist, sie adäquat zu berühren, andererseits aber, daß sie alle auch nicht verfehlen, sondern jeder sagt etwas über die Natur [der Wahrheit] aus, und im Einzelfall trägt man nichts oder doch nur wenig zu ihr bei, und doch ergibt

sich, nimmt man alles zusammen, eine gewisse Größe. Wenn es also damit wie beim Sprichwort mit ihr zu stehen scheint: Wer könnte wohl die Tür verfehlen?, so dürfte die Angelegenheit leicht sein. Ihre Schwierigkeit liegt aber offenbar darin, daß es zwar möglich ist, über das Ganze zu verfügen, über den Teil aber nicht.

Vielleicht liegt die Ursache dieser Schwierigkeit, die ja von zweierlei Art sein kann, nicht in den Sachen, sondern vielmehr in uns. Denn wie sich die Augen der Fledermäuse dem Tageslicht gegenüber verhalten, so auch die Vernunft in unserer Seele den Dingen gegenüber, die von allen der Natur nach die offenkundigsten sind." (Aristoteles, Metaphysik, II. Buch, 993a, S. 52)

Natürlich gibt es unterschiedliche Stufungen und Grade von Irrtümern. Manche Irrtümer halten sich hartnäckig und sind schwer zu überwinden, andere sind leicht und empfindlich wie Luftballons. Es gibt wichtige und unwichtige Irrtümer, witzige und überhaupt nicht witzige, weil sie regelrecht Schaden anrichten, und es gibt **bekannte und unbekannte Irrtümer**. Die bekannten Irrtümer zeichnen sich dadurch aus, dass sie in der Vergangenheit angesiedelt sind, z. B. „Die Welt ist eine Scheibe und am Ende mit Brettern zugenagelt".

Wie sehen nun die Irrtümer aus, die hier behandelt werden? Es sind nicht so großartige wie „Die Welt ist eine Scheibe", aber so ganz unwichtig sind sie auch nicht. Auf alle Fälle sind es **Irrtümer, die uns alle angehen**, denn sie betreffen unsere **Schrift, Schreibkultur und Orthographie**. Das ist eine ganze Menge.

Sie können **lesen**, sonst hätten Sie dieses Buch nicht in der Hand; Sie können wahrscheinlich auch **schreiben**, sonst würde Sie das Thema nicht interessieren. So wie Ihnen ist Lesen und Schreiben mehreren tausend Millionen Menschen als Teil ihrer **Alltagskultur** vertraut. Und Alltag ist alles, was in unserem Leben einen nennenswerten Platz einnimmt. Alltag ist der größte Teil unseres Lebens – im guten wie im schlechten Sinne. Unser Gehirn kann Texte verarbeiten, die unsere Augen aufnehmen, und kann über unsere Hände, sei es an der Tastatur oder mit einem Stift, orthographisch (zumindest einigermaßen) korrekte Texte produzieren.

Deswegen ist die Vorstellung beunruhigend, dass wir über das, womit wir uns täglich befassen, so wenig wissen und weitgehend nicht verstehen, wie es funktioniert. Für den Benutzer der Schrift ist eine genaue Kenntnis der inneren Struktur der Orthographie nicht unbedingt nötig. Ein Seiltänzer kann z. B. nicht besser die Balance halten, wenn er mehr über die physiologische Beschaffenheit seines Gleichgewichtsorgans und die Arbeit der entsprechenden Partien in seinem Gehirn weiß. Wer aber ein Fach qualifiziert unterrichten möchte, der sollte deutlich mehr wissen als seine Lerner, denn wer will schon eine **Nulldidaktik**?

Warum hat man nicht schon längst das **Lesen und Rechtschreiben** erforscht? **Warum wissen wir so wenig?** Warum gibt es manchmal eher Forschungen zu randständigen als zu grundlegenden Inhalten? Hier sind deutliche Parallelen zu anderen Wissensbereichen zu finden. So erstaunlich es klingt, häufig werden **exotische Themen** eher erforscht als alltägliche: *Blattschneide-Ameisen* aus dem Amazonasgebiet kontra *rote Ameisen* aus dem eigenen Garten, *Nacktmull* (den gibt es wirklich) kontra *Hausmaus*, *Weißkopfadler* kontra *Amsel*? Wie oft haben Sie schon Filme über die Tierwelt Afrikas gesehen? Wir alle kennen Löwen und Zebras, aber was sind das für komische Vögel, die da draußen in den Ästen herumturnen?

Kurz: Der sogenannte Alltag ist ein unbekannter Bereich. Aber hier wird es gerade interessant. Wenn es um Alltägliches und Grundlegendes geht, dann ist die Wahrscheinlichkeit sehr groß, dass man auf etwas Unerforschtes stößt, also auf weiße Flecken in unserer Wissens-Landkarte.

Seit vielen Jahren erlebe ich es immer wieder bei unseren Studierenden, wenn es um diesen oder jenen Irrtum geht, regt sich energischer Widerspruch: „Das kann nicht sein! Unmöglich!“ Vielleicht habe ich deshalb dieses Buch geschrieben. Ich finde es notwendig, sich mit einigen Irrtümern über die Schrift und ihren Erwerb zu beschäftigen. Um es vorweg zu sagen, die Irrtümer **„Rechtschreiben lernt man durch das Lesen“** und **„Mit dem ABC schreiben wir die Laute unserer Sprache“** werden in der Regel **am hartnäckigsten verteidigt** und sind sehr schwer zu widerlegen.

Jeder Mensch fühlt sich natürlich verunsichert, wenn man das infrage stellt, was er lange geglaubt und für richtig gehalten hat. Das ruft „unschöne Gefühle“ hervor. Gehirnforscher bringen dieses Phänomen gerne mit dem limbischen System in Verbindung. So lässt sich erklären, dass Menschen regelrecht mit Abwehrreaktionen auf neue – den alten widersprechende – Informationen antworten, statt sich für einen Wissenszuwachs zu interessieren.

Mit ziemlich großer Wahrscheinlichkeit werden auch Sie, liebe Leserin und lieber Leser, bei der Behandlung einiger Irrtümer mit Widerständen reagieren. Deshalb habe ich versucht, zu jedem Irrtum die Erkenntnisse anderer Forscher als Belege zu nennen, und zweitens gebe ich zu bedenken: Nur durch das Hinterfragen von Alltäglichem und scheinbar Klarem zeichnet sich Wissenschaft erst aus.

1. Irrtum Rechtschreiben lernt man durch das Lesen

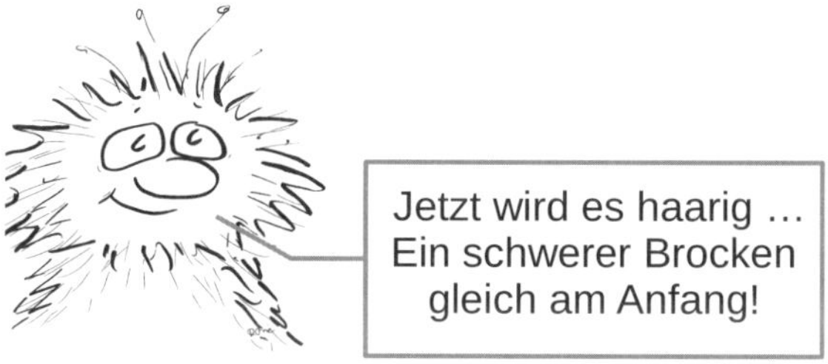

Herr Dachtemann meint:

Herr Weißmann sagt:

Irrtümer über den Zusammenhang von Lesen und Rechtschreiben – Ein Experiment mit Ihrer Uhr – Untersuchungen zum Lesen und Rechtschreiben – Schwache Rechtschreiber müssen keine schwachen Leser sein

Irrtümer über den Zusammenhang von Lesen und Rechtschreiben

Schreiben lernt man durchs Lesen. Wie denn sonst? Wenn man Wörter liest, prägt man sich die Rechtschreibung ein. Beim Lesen muss man auch nicht jeden einzelnen Buchstaben entziffern, sondern man erkennt schnell die größeren Einheiten. Oder?

Verbreitet ist auch die Annahme, dass man durch das Lesen ganze Wortbilder aufnimmt. Wenn Eltern oder die Lehrkraft zum ersten Mal bei einem Kind bestimmte Fehler wahrnehmen und dieselben Fehler ein anderes Mal erneut finden, können sie den Eindruck gewinnen, das Kind habe sich die **Fehler eingeprägt**.

Karl Bormann (1840) war einer der ersten Wissenschaftler, der die sogenannte **Wortbildtheorie** vertrat. Er vermutete, dass man durch mehrmaliges Schreiben und Lesen die Wortbilder unterstützen müsse.

> „Das Auswendiglernen selbst ist aufs höchste durch das – wie oben ausgeführte – zweimalige Schreiben derselben erleichtert. Andererseits ist wieder für das orthographische Element an diesen Uebungen das Auswendiglernen insofern förderlich, als dadurch der Schüler genöthigt ist, zu wiederholten Malen und mit Aufmerksamkeit das von ihm richtig Niedergeschriebene anzusehen, wodurch von selbst eine immer tiefere Einprägung der Wortbilder erfolgt."
> (Bormann 1840, S. 18)

Der wichtige Beitrag von Gerheid Scheerer-Neumann (1986), „Wortspezifisch: Ja – Wortbild: Nein. Ein letztes Lebewohl an die Wortbildtheorie", verabschiedet jedoch die irrige, aber sich bis heute hartnäckig haltende **Wortbildtheorie**.

Andere wissenschaftliche Modelle, wie etwa das allgemein anerkannte Phasenmodell von Uta Frith (1986), gehen davon aus, dass sich Lesen und Schreiben wechselseitig befördern und quasi eine gegenseitige *Win-win*-Situation entstünde. Doch hier sieht man heute den Entwicklungsprozess differenzierter, wie Carl Ludwig Naumann zusammenfasst: „Man nimmt nicht mehr allgemein an, dass Lesen und Schreiben einander wechselseitig anstoßen, sondern dass sie sich auch unabhängig voneinander entwickeln können“ (Naumann 2008, S. 145). Zur Untermauerung dieser Sichtweise soll nun ein Experiment dienen.

Ein Experiment mit Ihrer Uhr

Dieses Experiment können Sie schnell und ganz einfach durchführen. Sehen Sie jetzt **nicht** auf Ihre Armbanduhr und notieren Sie bitte hier oder auf einem anderen Blatt Ihre Antworten.
Sie werden wahrscheinlich, wenn Sie **nicht schummeln**, vom Ergebnis überrascht sein.
Beantworten Sie bitte die Fragen:

1. Welche Farbe hat das Ziffernblatt? ____________________
2. Wie sehen die Stundenmarkierungen aus?

   Striche ❍ arabische Ziffern ❍ römische Ziffern ❍
   Striche und Ziffern gemischt ❍

3. Wie sieht die Zwölf aus? ______________________
4. Wie sind die Zeiger gestaltet? __________________

   ____
5. Gibt es einen Sekundenzeiger? ja ❍ nein ❍
6. Welche weiteren Beschriftungen befinden sich auf dem Ziffernblatt? ______________________________
7. Wo stehen diese Angaben? ______________________

   ____

Jetzt schauen Sie sich Ihre Armbanduhr an. Die meisten Menschen, die dieses Experiment durchführen, sind überrascht, wie viele ihrer Antworten falsch sind. Es gibt sogar nur relativ **wenige Menschen**, meistens sind es ausgesprochene Uhrenliebhaber, die alle Fragen **korrekt beantworten** können. Doch was lernen wir daraus?

Genauso wenig, wie man sich für die Gestaltung des Ziffernblattes und der Zeiger interessiert, wenn man lediglich **die genaue Uhrzeit** wissen will, interessiert uns beim Lesen die Orthographie, wenn wir den **Textinhalt** erfassen wollen, was es auch sei: ein Heft über Asterix und Obelix, eine Seite aus „De brevitate vitae“ von Seneca, Abhandlungen über die Hainschnirkelschnecke oder über Elektrolytlösungen, der Roman Oblomov von Gontscharow oder ein Buch über orthographische Irrtümer.

Untersuchungen zum Lesen und Rechtschreiben

Ernst Meumann (1862-1915), einer der ersten experimentell arbeitenden Psychologen, hat 1908 treffend ausgeführt, dass beim Lesen primär die **Bedeutung** und nicht der formale Aspekt eines Textes (der Wahrnehmungsinhalt) erfasst wird:

> „Die Aufmerksamkeit richtet sich nicht auf die Wahrnehmungsinhalte (Buchstaben und Worte), sondern auf den mit ihnen assoziierten Bedeutungsinhalt. Der Wille geht beim Lernen nicht auf Einprägung der Wahrnehmungsinhalte, sondern auf Verstehen und Behalten der mit ihnen assoziierten Bedeutungsinhalte." (Meumann 1908, S. 117)

Bezogen auf unser Experiment heißt das, dass man sich für die Uhrzeit interessiert, wenn man auf sein Uhr sieht und **nicht** für das Design. Was bedeutet das für das Lesen?

Katja Siekmann (2011) ist in ihrer Untersuchung über den **Zusammenhang von Lesen und Rechtschreiben** der Frage nachgegangen: Können sich Menschen die Schreibung von Namen merken, die sie häufig gelesen haben? Sie bat Harry-Potter-Leser, die in den Büchern oft vorkommenden Namen wie *Voldemort, Ravenclaw* oder *Hogwarts* aufzuschreiben, und überprüfte die Korrektheit der reproduzierten Namen. Siekmann fasst wichtige Ergebnisse zusammen:

- „Die rezeptive Fertigkeit des Lesens dient (nur) der Entnahme von Bedeutung." (S. 155)
- „Die Lesefrequenz ist nicht entscheidend für die Speicherung orthographischer Aspekte." (S. 155)
- „Schreiben ist keine Reproduktion von Gelesenem, sondern eine eigenständige (schrift-) sprachliche Produktion" (Siekmann 2011, S. 157)

Das Untersuchungsergebnis zeigt deutlich, dass sich die Befragten, obwohl sie die Eigennamen immer wieder gelesen haben, nur vage an die richtige Schreibweise erinnern können und dass sogar „orthographische Merkmale weder durch das *unbewusste* noch durch das *bewusste* Lesen gut erinnert werden" (Siekmann 2011, S. 154). Das ist doch erstaunlich? Dasselbe haben Sie gerade bei dem Experiment mit Ihrer Uhr erlebt.

In der DESI-Studie (DESI – Deutsch Englisch Schülerleistungen International, Beck & Klieme 2007; DESI-Konsortium 2008; Rechtschreibmodul: Thomé & Gomolka 2007; Thomé & Eichler 2008) wurden die sprachlichen Kompetenzen in Deutsch und Englisch von rund 11.000 Neuntklässlern untersucht. Die Lesegeschwindigkeit und die -genauigkeit wurden mit Hilfe eines Lesetests (vgl. a. Artelt u. a. 2001), die Rechtschreibkompetenz mit einem speziellen Diktat erhoben. Auf der Grundlage des Instruments OLFA 3-9 (Oldenburger Fehleranalyse, Thomé & Thomé 2010b), dessen Fehlerstufung mit der Rasch-Skalierung bestätigt wurde, fand eine Klassifikation der Fehlschreibungen statt.

Tabelle 1 zeigt die Korrelationen der einzelnen Teilgebiete der Studie. Der Korrelationswert zwischen den Bereichen Lesen und Rechtschreibung von nur .28 verdeutlicht, dass **kaum ein direkter Zusammenhang zwischen Lese- und Rechtschreibleistungen** besteht. Das heißt, jemand kann im Lesen gute, im Rechtschreiben aber schlechte Leistungen erbringen und umgekehrt.

TEILGEBIETE	**Lesen**	**Wortschatz**	**Argumentation**	**Sprachbewusstheit**	**Textproduktion**	**Rechtschreibung**
Lesen		.59	.61	.61	.46	.28
Wortschatz	.59		.50	.57	.36	.29
Argumentation	.61	.50		.56	.56	.39
Sprachbewusstheit	.61	.57	.56		.63	.53
Textproduktion (pragm.)	.46	.36	.56	.63		.69
Rechtschreibung	.28	.29	.39	.53	.69	

Tabelle 1: Korrelationen zwischen den Teilbereichen des Deutschunterrichts (aus: Willenberg 2007, S. 175; graue Hervorhebungen G. Th.)

Zusammengefasst kann von einer **reflexiv-rezeptiven Dimension** (**Lesen**, Wortschatz, Argumentation, Sprachbewusstheit) und einer **produktiven Dimension** (**Rechtschreiben** und Textproduktion) (Jude u. a. 2008, S. 194 f.) gesprochen werden.

Schwache Rechtschreiber müssen keine schwachen Leser sein

Wir wollen noch einen Schritt weitergehen und über den Zusammenhang von **Lese- und Rechtschreibproblemen** berichten. Hier gibt es diverse Studien, die **keinen direkten Zusammenhang** feststellen konnten (vgl. Bradley & Bryant 1979; Frith 1980; Valtin 1981; Read 1981; Klicpera & Gasteiger-Klicpera 1995, S. 202 ff.; Wimmer, Mayringer & Landerl 2000; Wimmer & Mayringer 2002). Hasselhorn, Marx & Schneider (2008) fassen zusammen:

> „So finden sich in Längsschnittstudien zum Schriftspracherwerb in nennenswerter Häufigkeit Kinder, die trotz altersangemessener Leseentwicklung gravierende Minderleistungen beim Rechtschreiben zeigen oder aber bei unauffälligen Rechtschreibfertigkeiten Lesestörungen aufweisen ..." (Hasselhorn, Marx & Schneider 2008, S. 1).

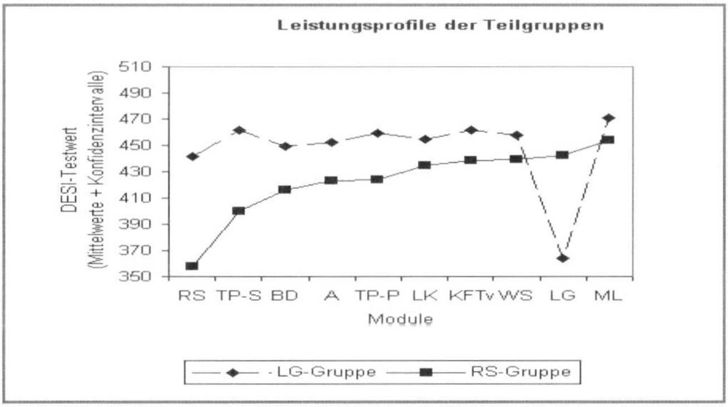

Abb. 1: Leistungsprofile von 445 schwachen Rechtschreibern und 611 schwachen Lesern der DESI-Studie, LG = Lesegruppe, RS = Rechtschreibgruppe; RS = Rechtschreiben; TP-S = Textproduktion, Systematik; BD = Bewusstheit Deutsch: grammatisches Wissen und Können; A = Argumentation; TP-P = Textproduktion, pragmatisch; LK = Lesekompetenz; KFTv = kognitiver Fähigkeitstest, verbal; WS = Wortschatz; LG = Lesegeschwindigkeit; ML = metakognitives Wissen) (in: Beck, Thomé & Thomé 2009, S. 44)

Die DESI-Daten wurde von Bärbel Beck, Günther & Dorothea Thomé (2009) unter der Fragestellung ausgewertet, ob die 10 Prozent der **schwächsten Leser** und die 10 Prozent der **schwächsten Rechtschreiber** identisch sind. Es zeigte sich, dass die beiden Gruppen **nicht** deckungsgleich sind (siehe Abbildung 1).

Kristina Moll und Karin Landerl (2011) forschen intensiv über den Zusammenhang von Lese-Rechtschreibproblemen. Sehr aufschlussreich ist ihre Untersuchung der Population eines Schulbezirks mit über 2.000 Zweit- bis Viertklässlern. Sie resümieren: „Die Aussage, dass Lesestörungen in der Regel gemeinsam mit Rechtschreibstörungen auftreten, muss aufgrund dieses Befundes relativiert werden" (Moll & Landerl 2011, S. 17, vgl. a. Moll, Wallner & Landerl 2012). Als Ergebnisse führen sie an:

> „..., dass 41 % aller Kinder mit einem Rechtschreibdefizit in dieser Stichprobe keine Leseprobleme aufweisen und 40 % aller Kinder mit einem Lesedefizit keine Rechtschreibprobleme zeigen. Bezogen auf die gesamte Stichprobe sind damit die isolierte Rechtschreibstörung und die isolierte Lesestörung mit 7 % bzw. 6 % in etwa genauso häufig wie die kombinierte Lese- und Rechtschreibstörung mit 8 %." (Moll & Landerl 2011, S. 17)

Eine Differenzierung von Lese- und Schreibproblemen hat u.a. Konsequenzen bezüglich des Internationalen Klassifikationssystems der Weltgesundheitsorganisation (**ICD-10,** Dilling, Mombour & Schmidt 2004): „Die im ICD-10 implizierte Annahme, dass die zugrunde liegenden kognitiven Defizite von leseauffälligen Kindern mit und ohne Rechtschreibdefizit vergleichbar sind, muss aufgrund dieser Befunde hinterfragt werden" (Moll & Landerl 2011, S. 22).

Darüber hinaus sind weitere Konsequenzen aus diesen Forschungsergebnissen zu ziehen. Wenn sich das Verhältnis zwischen Lesen und Schreiben als nicht so eng (wie angenommen) erweist, dann müsste das eigentlich **enorme Veränderungen** des Deutschunterrichts und der Lehrerausbildung nach sich ziehen. Demzufolge müssten dem Lesen und endlich auch dem Rechtschreiben ausreichend große **eigene Bereiche** in Forschung und Lehre eingeräumt werden (zur Lesedidaktik vgl. Rosebrock & Nix 2012).

Leider sind wir davon noch weit entfernt. Die beiden Bereiche werden wie Zwillinge oder besser ausgedrückt, wie David und Goliath behandelt. Wenn die Lesekompetenz untersucht wird, dann werden die Ergebnisse leichtfertig auf das Rechtschreiben verallgemeinert. Wolfgang Schneider (2008) geht auf die oftmals vorherrschende Geringschätzung des Rechtschreibens ein:

> „Vergleicht man einmal die Anzahl der Studien zum Lesenlernen mit denen zum Erwerb des Rechtschreibens, so fällt auf, dass letztere weit weniger dicht gesät sind und auch in der Regel nicht so gut rezipiert werden. Es scheint immer noch so, dass es sich nach Auffassung vieler Wissenschaftler beim Rechtschreiben um \`second class skills´ (Brown, 1990; Schneider, 1997) handelt.“ (Schneider 2008, S. 145)

Zwei eigene Bereiche: Lesen und Schreiben
Wer will schon leiben und schresen?

Zum Teil wird von LRS (Lese-Rechtschreib-Schwierigkeit, -Schwäche oder -Störung) gesprochen, obwohl nur das Lesen **oder** Rechtschreiben betroffen ist. Hier müsste noch viel geschehen, wie auch Kristina Moll, Karin Landerl & Winfried Kain (2009) konstatieren:

> „Da aktuelle Forschungsbefunde aufzeigen, dass die Lese- und die Rechtschreibleistung unabhängig voneinander beeinträchtigt sein können, kommt der Diagnose beider Teilbereiche der schriftsprachlichen Entwicklung besondere Bedeutung zu.“ (Moll, Landerl & Kain 2008, S. 129; siehe auch Landerl & Moll 2009)

Christian Klicpera & Barbara Klicpera-Gasteiger (1995) beschreiben die „Dynamik des Wechselspiels zwischen der sich ausbildenden Lese- und Rechtschreibfähigkeit" (S. 169):

> „Obwohl beide Fähigkeiten in ähnlicher Weise von spezifischen Kenntnissen und Fertigkeiten abhängen, ist anzunehmen, daß diese **Teilfertigkeiten** durch das Üben des Lesens und Schreibens **in unterschiedlicher Weise fortentwickelt werden**." (Klicpera & Klicpera-Gasteiger 1995, S. 169; Hervorhebungen G. Th.)
>
> „Zusammenfassend können wir festhalten, daß Lesen und Schreiben auf den verschiedenen Ebenen, sowohl beim Umgang mit der Schrift (dem Worterkennen bzw. dem Rechtschreiben) wie auf Textebene, unterschiedliche Zugangsweisen im Gebrauch und in der Auseinandersetzung mit schriftlicher Kommunikation darstellen." (Klicpera & Klicpera-Gasteiger 1995, S. 172)

Was bedeutet das für die Theorie und Praxis? Für die Forschung heißt das, dass wir in empirischen Studien die Rechtschreibkompetenzen differenzierter untersuchen müssen, dann allerdings auch gültigere und zuverlässigere Ergebnisse als bisher erwarten dürfen. Für die schulische und außerschulische Praxis sind die Konsequenzen ebenfalls weitreichend, da man **nicht** mehr von einer direkten Beförderung der Rechtschreibfähigkeit durch das Lesen ausgehen kann.

Also lautet ein Beschluß:
Daß der Mensch was lernen muß. –
— Nicht allein das A-B-C
Bringt den Menschen in die Höh´;
Nicht allein im Schreiben, Lesen
Übt sich ein vernünftig Wesen …
Wilhelm Busch (1925, S. 26)

2. Irrtum **Früher konnten die Schüler besser rechtschreiben als heute**

(leider kein Irrtum)

Bisher Dachtemann meint:

Dagegen Weißmann sagt:

Deutschland als Export-Vizeweltmeister und die Qualität des Bildungswesens – Untersuchungen zur Rechtschreibkompetenz und -leistung von Schülerinnen und Schülern (PISA, DESI, Länder- und andere Vergleiche) – Handwerks-, Industrie- und Handelskammern klagen über mangelhafte Rechtschreibleistungen – Schwache Rechtschreiber werden im Verlauf ihrer Schulzeit schwächer

War früher wirklich alles besser?
Was war früher alles besser? Wann war früher alles besser?
Wann war früher?
Hier soll es aber „nur“ um die Orthographie gehen.

Deutschland als Export-Vizeweltmeister und die Qualität des Bildungswesens

Deutschland war lange Jahre Exportweltmeister, jetzt steht es hinter China auf dem zweiten Rangplatz. Einen großen Anteil am deutschen Export hat mit Sicherheit die Kraftfahrzeug-Industrie. Einer der Gründe, warum man im In- und Ausland gerne deutsche Autos kauft, ist sicherlich ihre **Qualität**. Qualität heißt, dass alles gut funktioniert und dauerhaft das leistet, was es leisten soll, auch unter widrigen Umständen. In einer modernen Industriegesellschaft kommt es in vielen Bereichen, nicht nur in der Produktion, auf gute Leistung, Optimierung und letztlich Qualität an. Das gilt auch für das Bildungswesen (vgl. Wößmann & Piopiunik 2009).

Können wir es hinnehmen, dass seit Jahren die Rechtschreibleistungen unserer Schüler, Auszubildenden und Studenten so rapide absacken? Natürlich ist die Rechtschreibung nur ein (grundlegender!) Teil der gesamten Bildung und Ausbildung, die unser Schulsystem vermitteln muss. Aber Bremssystem und Zündanlage sind auch **nur** einige von vielen Teilen eines Autos. Darf man hieran sparen?

Wie würde es einem Autohersteller ergehen, wenn 30 oder „nur“ 10 Prozent bei den Bremsen, der Zündung und ähnlichen Teilen des Gesamtsystems einer Produktionsreihe mangelhaft wären, wenn jedes zehnte Auto wieder zurückgerufen werden müsste? Die Pleite dieses Herstellers wäre wohl nicht weit entfernt. Kann eine Gesellschaft wegen eines **kaputtgesparten Bildungssystems** pleitegehen? Man sollte darüber nachdenken und entsprechend handeln.

In allen Grundfertigkeiten gut ausgebildete Menschen stellen einen nicht unerheblichen Teil der Infrastruktur eines Landes dar. Was kann man angesichts der oben geschilderten Verschlechterung der Rechtschreibleistungen tun? Eine bis zum Nervenzusammenbruch reichende Paukerei à la Ostasien können und wollen wir doch bei uns wahrscheinlich nicht einführen?

Der einzig gangbare Weg liegt wohl in einer deutlich **verbesserten Unterrichtsqualität** sowie **kleineren Schulklassen**. Die Qualität wiederum kann nur durch eine qualitativ und quantitativ professionelle **Lehreraus- und -weiterbildung** erreicht werden, die berufsqualifizierend strukturiert sein muss.

Im Studium für angehende Deutschlehrerinnen und -lehrer ist allerdings eine **Orientierung am späteren Beruf** (u. a. die Vermittlung von Rechtschreibkompetenz, auch noch in den Sekundarbereichen I und II) **nicht** adäquat erkennbar, d. h. im Studium werden nicht die Kenntnisse, Methoden, Techniken und Verfahren gelehrt, die für den Beruf notwendig sind.

Diese Klage ist **nicht neu**, eher schon tausendfach angestimmt, aber ohne durchschlagende Resonanz. Es scheint, als ob der kurze Zyklus von Land- und Bundestagswahlen mit einer längerfristigen Bildungs- und Ausbildungspolitik nicht vereinbar sei. Oder liegt hier wirklich ein Irrtum vor, den man nur aufklären muss?

Untersuchungen zur Rechtschreibkompetenz und -leistung

Der Anteil der Schülerinnen und Schüler, die **gravierende Rechtschreibprobleme** haben, steigt stetig und z. T. rapide an (vgl. Zerahn-Hartung u. a. 2002; Valtin u. a. 2003; Brügelmann 2003; Valtin, Wagner & Schwippert 2005; Weinhold 2006; Schneider & Stefanek 2007; Hasselhorn, Marx & Schneider 2008; Schneider 2008; Steinig u. a. 2009).

In der Rechtschreibuntersuchung (vgl. Thomé & Eichler 2008) innerhalb der DESI-Studie (DESI-Konsortium 2008) beträgt der Anteil der Schüler mit **großen Rechtschreibproblemen 12 Prozent** (Kompetenzniveau A und darunter, siehe Tabelle 2). Die Mehrheit der Schüler (rund **66 Prozent** auf dem Kompetenzniveau B) **kann man** aber auch **nicht als gute Rechtschreiber bezeichnen**, denn sie produzieren in einem 68-Wörter-Diktat (das von Experten aus den Ministerien im Voraus als zu leicht eingeschätzt wurde) durchschnittlich 16 Fehler (Mittelwert). Nur **22 Prozent** der Schüler können als **relativ sichere Rechtschreiber** eingestuft werden (Kompetenzniveaus C und D). Das ist ernüchternd!

Kompetenz-niveau	Mittelwert der Fehleranzahl	Median	Schüler in Prozent
unter A	41,5	39	5,4 Prozent
A	32,6	30	6,7 Prozent
B	16,4	14	65,9 Prozent
C	7,5	7	13,2 Prozent
D	5,1	4	8,9 Prozent

Tabelle 2: Ergebnisse der DESI-Studie: Rechtschreibkompetenzen von 9.000 Neuntklässlern – Kompetenzniveau und Fehlerzahl in einem Diktat mit 68 Wörtern (Thomé & Eichler 2008, S. 110)

Handwerks-, Industrie- und Handelskammern klagen

Handwerks-, Industrie- und Handelskammern weisen seit Jahren auf „nicht ausbildungsfähige“ Schulabgänger mit großen Schwächen im Lesen, Rechtschreiben und Rechnen hin. Schüler, Auszubildende und Studierende **sollen orthographisch kompetent sein**. Nur, **woher soll das kommen**?

Vielleicht wäre es für die Kammern, Verbände und Organisationen interessant zu wissen, dass die Schriftsprachvermittlung ein absolut stiefmütterliches Dasein im Hochschulbereich fristet. Rechtschreiben wird nach allgemeiner Sicht als **Subdomäne** dem Schreiben zugeordnet (Bildungsstandards für den Primarbereich s. Granzer, Böhme & Köller 2008, S. 12; s. a. Bildungsstandards für mittlere Schulabschlüsse, KMK 2004; Hertel u. a. 2010, S. 135 f.; Risel 2011b).

Domänen wie Lesen oder Schreiben sind wichtig, **Subdomänen** (wie die Rechtschreibung) sind eher **unwichtig und natürlich untergeordnet**. Zwar wird in Schule und Ausbildung die Rechtschreibung ausdrücklich ab- und nachgefragt; sie muss beherrscht werden. Aber woher und wie? Dafür ist niemand (höchstens ein gewisser Herr oder eine gewisse Frau „Macht-das-noch-nebenher") zuständig. Wie sieht es an den Hochschulen im Bereich Rechtschreibdidaktik aus: **Substandard**! Leider!

Innerhalb des lehrerausbildenden Studiums ist der **sprachdidaktische Teil** in der Regel im Fach **Germanistik** angesiedelt. Hier findet er aber oftmals keinen Platz, oder es gibt nur eine kleine Nische, die durch Lehraufträge und Überlaststellen aufgefüllt wird (Motto: *Das kann noch schnell mitübernommen werden. Das geht schon mal so*). Professuren mit dem **Schwerpunkt Orthographie-Erwerb sind reine Mangelware.** Gymnasiallehrer absolvieren beispielsweise in ihrem Studium kein einziges Seminar zum Rechtschreiberwerb, von LRS/Legasthenie-Seminaren ganz zu schweigen.

Es gibt lehrerausbildende Universitäten, die **keine (!) Professur** für die „Subdomäne" Rechtschreiberwerb vorsehen. Sie liegen bezeichnenderweise **nicht** in den Bundesländern, die am besten in den Ländervergleichs-Untersuchungen abschneiden. Andersherum formuliert: Ich vermute einen signifikanten Zusammenhang zwischen dem Abschneiden der Bundesländer in den Vergleichsuntersuchungen (Bereich Rechtschreiben) und der Zahl der qualifiziert besetzten Sprachdidaktik-Professuren. Dem „Bildungsmonitor 2012" zufolge können jedoch neue Anstrengungen im Bildungsbereich, z. B. in Bremen, wahrgenommen werden (Anger, Esselmann, Fischer & Plünnecke 2012, S. 134 ff.).

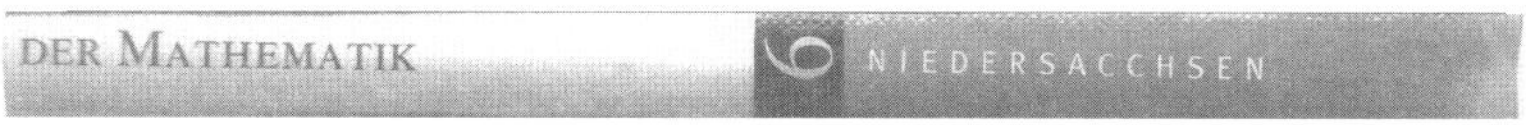

*Abb. 2: Manche Fehler hätte man lieber nicht gemacht: *Niedersacchsen (Rückenbeschriftung eines Mathematik-Schulbuches)*

Vielleicht könnte einmal eine **sinnvolle Neuformulierung der Studieninhalte** stattfinden? Ich bin sicher, dass jeder ausgegebene Euro ein Vielfaches von den später zu finanzierenden Förder-, Therapie- und anderen Maßnahmen einsparen würde.

Dass der Anteil der Schülerinnen und Schüler mit Rechtschreibproblemen noch ansteigt, belegen nach Wolfgang Schneider (2008) etliche Studien, die er am Beispiel der **LOGIK**-Untersuchung (Schneider & Stefanek 2007) und der **Moselfahrt**-Erhebung (Zerahn-Hartung u. a. 2002) zusammenfasst:

> „Die Gegenüberstellung der Testergebnisse (Fehler) der LOGIK-Probanden und der Normstichprobe des „Moselfahrt"-Diktats scheint die These zu bestätigen, dass sich im Zeitraum von 1970 bis 2005 Veränderungen der Rechtschreibkompetenz beobachten lassen. (...) Dies (die Datenlage, Anmerkung G. Th.) impliziert, dass **mehr als 60 % der LOGIK-Probanden** mit ihrer heutigen Testleistung **vor 35 Jahren als relativ rechtschreibschwach eingestuft** worden wären. Die Befunde entsprechen interessanterweise denen von Zerahn-Hartung et al. (2002), die für ihre Stichprobe einen mittleren Fehlerwert von 19.8 Fehlern berichtet hatten." (Schneider 2008, S. 150; Hervorhebungen G. Th.)

Das ist ein alarmierendes Ergebnis: 60 Prozent der LOGIK-Teilnehmer wären „vor 35 Jahren als relativ rechtschreibschwach eingestuft worden" (Schneider 2008, S. 150)!

Wolfgang Steinig, Dirk Betzel, Franz J. Geider & Andreas Herbold (im Folgenden abgekürzt Steinig u. a. 2009) erheben in ihrer Studie u. a. die Rechtschreibleistungen in den Jahren 1972 und 2002. Sie vergleichen dazu 250 und 280 Aufsatztexte von Viertklässlern und kommen zum Ergebnis, dass die Rechtschreibung im Verlauf der 30 Jahre auffällig schlechter geworden ist (s. a. die Längsschittstudien von 2002-2006 und 2007-2009 von Hans Merkens, der den Leistungsstand Berliner Grundschüler untersucht hat, Pressemitteilung der FU Berlin, Nr. 250/2012, 6.9.2012, www.fu-berlin.de/presse, Zugriff am 7.11.2012). Insgesamt stellen Steinig u. a. bedeutsame Unterschiede in Bezug auf die Fähig- und Fertigkeiten der Schüler fest:

> „Falls sich etwas `zum Besseren´ verändert hat, dann vor allem die Fähigkeit zu einer variantenreicheren erzählerischen Textgestaltung bei Kindern, die nach der Grundschule auf ein Gymnasium wechseln werden. Die Rechtschreibung ist hingegen schlechter geworden, besonders bei Kindern aus der Unterschicht. (...) Der Grundschule gelingt es nicht, bestehende sozial bedingte sprachliche Unterschiede auszugleichen. Sie scheint sie, eher im Gegenteil, noch zu verstärken.“ (Steinig u. a. 2009, S. 344)

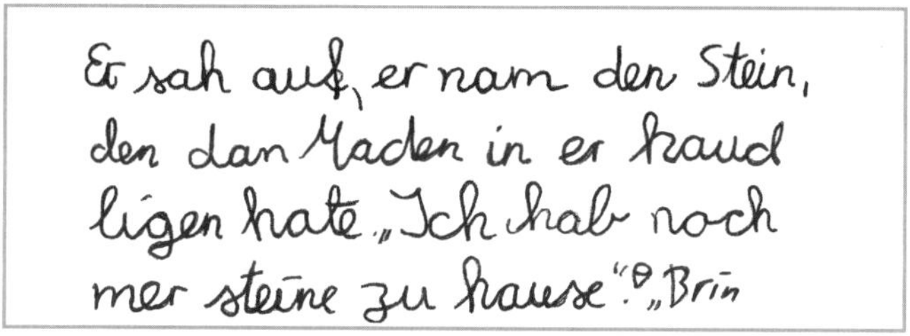

Abb. 3: Text aus einer schönen Erzählung, wenn man nicht immer auf die Fehler schauen würde: „Er sah auf. Er nahm den Stein, den das Mädchen in der Hand liegen hatte ...“ (Mädchen, vierte Klasse)

Dagegen klingt das Ergebnis von IGLU-E (Internationale Grundschul-Leseuntersuchung-Ergänzungsstudie), dass etwa 10 Prozent in jeder Klasse (vierte Klassenstufe) schwache Rechtschreiber sind, auf den ersten Blick noch relativ harmlos. Das ist es aber nicht. Ilona Löffler, Ursula Meyer-Schepers, Thomas Lischeid (2007) führen aus:

> „Bislang gab es keine verbindlichen Angaben über die Vorkommenshäufigkeit von Rechtschreibschwächen in Deutschland. Im Rahmen von IGLU konnten wir ein Vorkommen von 10,1 % ermitteln. Hierbei haben wir die klassische Definition zugrunde gelegt: die Diskrepanz zwischen mindestens durchschnittlicher Intelligenz und schwachen Leistungen im Lesen und/oder Rechtschreiben.“ (Löffler, Meyer-Schepers & Lischeid 2007, S. 275)

Obwohl in vielen Pressemitteilungen die IGLU-Ergebnisse so interpretiert wurden, dass die Grundschule relativ gute Rechtschreiber und Rechtschreiberinnen „entlässt“, ist das orthographische Leistungsniveau der mit dem Rechtschreibinstrument DoSE (Dortmunder

Schriftkompetenzermittlung) getesteten Viertklässler nicht so gut wie behauptet. Renate Valtin u. a. (2003) geben zum Ergebnis zu Recht zu bedenken:

> „Aufgrund des Fehlens verbindlicher Standards lässt sich nicht einschätzen, ob die quantitativen Leistungen im Rechtschreibtest DoSE (bei 45 Wörtern ein Mittelwert von 25,6 Richtigschreibungen) als gut oder schlecht zu betrachten sind. (…) Wenn jedoch sogar einige rechtschriftliche **Regularitäten, wie sie am Ende der zweiten Klasse erwartet werden** (ng – nk, f – v, Ableitung von Verschluss- und Umlaut), **nur von 80 Prozent der Viertklässler sicher verschriftet** werden, … **kann unter Lernzielaspekten** der ermittelte Leistungsstand in der Rechtschreibung **nicht befriedigen** – schon gar nicht, wenn man die für den Rechtschreibunterricht aufgewendete Zeit berücksichtigt." (Valtin u. a. 2003, S. 257; Hervorhebungen G. Th.)

Auf die enormen Vorteile, die **das Schreiben freier Texte** im Unterschied zum Diktateschreiben bietet, um eine echte (also valide und reliable) orthographische Kompetenz erheben zu können, kann man gar nicht genug hinweisen (vgl. Thomé & Thomé 2010a). Die Richtwerte (noch unverbindliche Standards) für freie Texte für vierte und neunte Klassen zeigt die folgende Tabelle 3.

Zeitraum der Textabfassung	**Schätzwerte für tolerierte Fehler auf 100 Wörter**
Mitte der 4. Klasse	11 Fehler
in der 9. Klasse	2 Fehler

Tabelle 3: Schätzwerte für tolerierte Fehlerzahlen auf durchschnittlich 100 Wörter in freien Texten für Viert- und Neuntklässler (Ausschnitt aus einer Übersicht in: Thomé & Thomé 2010a, S. 101)

Am IQB (Institut zur Qualitätsentwicklung im Bildungswesen, Berlin) werden seit Jahren diverse Schülerleistungs- und Kompetenzuntersuchungen und **Ländervergleiche** durchgeführt (zu Studien wie PISA vgl. Baumert u. a. 2001; Klieme u. a. 2010; Prenzel u. a. 2013, i. Dr.; zu IGLU vgl. Valtin u. a. 2005; Valtin & Voss 2010; Bos u. a.

2010, 2012). In der Länderstudie von Olaf Köller, Michael Knigge & Bernd Tesch (2010) geht es um die **sprachlichen Kompetenzen** von rund 37.000 Neuntklässlern in Deutsch, Englisch und Französisch. Für das Fach Deutsch werden die Kompetenzen im Lesen, Zuhören und Rechtschreiben ermittelt. Im Folgenden beziehe ich mich nur auf den Untersuchungsbereich **Orthographie,** der von Albert Bremerich-Vos u. a. (2010, S. 45 ff.) geleitet wurde. Die Testinstrumente waren:

1. ein Lückendiktat mit 80 Wörtern,
2. ein Text, in den Kommas einzufügen waren,
3. eine Korrekturaufgabe.

Von den insgesamt fünf Kompetenzstufen verfehlen die unteren Stufen I und II „die Erwartungen der Standards im Sinne von Regelstandards“ (Köller u. a. 2010, S. 145). Die niedrigen Leistungen auf diesen Stufen kann man sich am Beispiel der Korrekturaufgabe so vorstellen:

Kompetenzstufe I:	„Von knapp 30 Falschschreibungen in der Korrekturaufgabe werden nur zwei erkannt“ (Bremerich-Vos u. a. 2010, S. 46),
Kompetenzstufe II:	„ein Viertel der Korrekturaufgaben [wird] gemeistert“ (Bremerich-Vos u. a. 2010, S. 47).

Erst in den Stufen IV-V können fast alle Fehler korrigiert werden.

Wie viele unserer Schüler können nur die Stufen I und II erreichen? Gibt es bei den Leistungsunterschieden innerhalb der Bundesländer wieder die bekannten Gewinner und Verlierer? Leider ja, wie auch der IQB-Ländervergleich 2011 von Stanat, Pant, Böhme & Richter (2012) aufzeigt. Köller u. a. (2010) formulieren vorsichtig bis ausgesprochen lieblich:

> „Insgesamt zeigen die Befunde in allen Ländern, dass die Vorgaben der KMK-Regelstandards im Fach Deutsch von erheblichen Schüleranteilen erreicht werden.“ (Köller u. a. 2010, S. 175)

Wie viele Schüler haben diese Vorgaben aber z. B. in Bayern und Bremen beim Rechtschreiben **nicht erreicht** (siehe dazu Tabelle 4)?

	Kompetenzstufe I	Kompetenzstufe II	Summe: Kompetenzstufen I und II
Bayern	0,6 Prozent	6,1 Prozent	6,7 Prozent
Bremen	7,6 Prozent	21,0 Prozent	28,6 Prozent

Tabelle 4: *Anteil der Schülerinnen und Schüler in den unteren Kompetenzstufen I und II, 9. Klassen, Bereich Orthographie, Länder: Bayern und Bremen (zusammengestellt aus: Köller u. a. 2010, S. 117 und 129)*

Aus der Tabelle 4 ist zu entnehmen, wie viele der getesteten Neuntklässler im Bereich Orthographie unterhalb der Kompetenzstufe III liegen und damit die **Regelstandards nicht erfüllen können**. Es zeigen sich erneut die bei Länderuntersuchungen bereits bekannten „Gewinner" und „Verlierer". In **Bayern liegen 6,7 Prozent aller Schüler** und in **Bremen sogar 28,6 Prozent unterhalb der Regelstandards**. Das würde ich als „einen erheblichen Schüleranteil" bezeichnen! Der Vollständigkeit halber sei noch erwähnt, dass hier die Werte für den Bereich **Lesen** (vgl. Köller u. a. 2010; Naumann, J. u. a. 2010, S. 38) insgesamt noch schlechter ausfallen als für Orthographie. Damit werden leider die „Angaben von PISA und IGLU über die Verteilung der Erfolgreichen und der Erfolglosen beim Schrifterwerb (25 % : 75 %)" (Röber 2009, S. 18) durch die Ergebnisse der IQB-Untersuchung z. T. noch übertroffen. Es zeichnen sich laut der PISA-Studie 2012 (Prenzel u. a. 2013, i. Dr.), die im Dezember 2013 vorgestellt wurde, allerdings Verbesserungen im Bereich Lesen ab.

Absolute Einigkeit besteht in Bezug auf die ge**schlechtsspezifisch unterschiedlichen Leistungen.** Einhellig wird festgestellt, dass Jungen deutlich schlechtere orthographische Leistungen erbringen als Mädchen (vgl. Richter 1994; Klicpera & Gasteiger-Klicpera 1995, S. 292 ff.; Richter & Brügelmann 1996; Hornberg u. a. 2007; DESI-Konsortium 2008; Naumann, J. u. a. 2010, 46 ff., zur Lesekompetenz und -förderung von Jungen und Mädchen vgl. Sasse & Valtin 2011).

Das kann ja wohl nicht sein, dass die Rechtschreibung *früher* besser war. Was hätte dann die ganze Forschung genützt?
Unter pädagogischen und anderen Aspekten war die Rechtschreibdidaktik und die größere Paukerei früher sicherlich nicht gut. Aber es wurde definitiv **mehr geschrieben**. Und das ist ein entscheidender Pluspunkt. Die Menge des Geschriebenen erscheint mir eine wichtige Variable im Lernprozess zu sein. Dabei ist es zunächst relativ gleichgültig, ob man abschreibt oder (besser!) freie Texte verschriftet. Wichtig ist, dass man **viel schreibt**. Durch das Schreiben lernt man schreiben, durch das Lesen lernt man lesen (R. Valtin).

Den Mangel an Geschriebenem habe ich immer wieder überrascht feststellen müssen, wenn z. B. für einen Grundschüler eine OLFA (Oldenburger Fehleranalyse, Thomé & Thomé 2010b), die die Rechtschreibkompetenz auf der Grundlage **frei geschriebener Texte** bewertet, durchgeführt werden sollte. Es war für viele Eltern schwierig, die erforderliche Textmenge von 400 bis 500 Wörtern (etwa 2-4 DIN A4 Seiten) ihres Kindes überhaupt zusammenzubekommen.

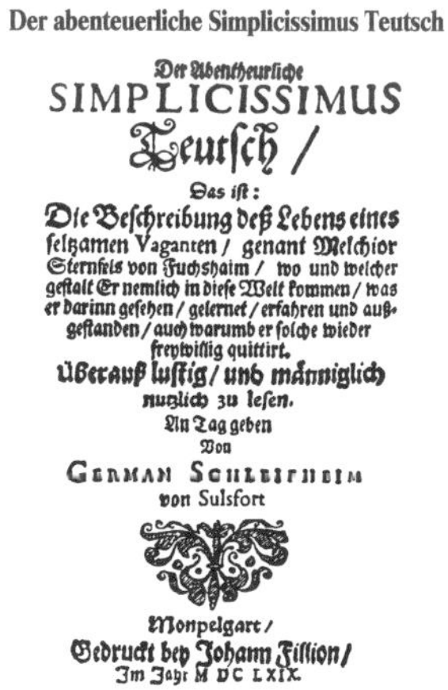
Der abenteuerliche Simplicissimus Teutsch

Der Abentheurliche
SIMPLICISSIMUS
Teutsch /
Das ist:
Die Beschreibung deß Lebens eines
seltzamen Vaganten / genant Melchior
Sternfels von Fuchshaim / wo und welcher
gestalt Er nemlich in diese Welt kommen / was
er darinn gesehen / gelernet / erfahren und auß-
gestanden / auch warumb er solche wieder
freywillig quittirt.
Überauß lustig / und männiglich
nutzlich zu lesen.
An Tag geben
Von
German Schleifheim
von Sulsfort

Monpelgart /
Gedruckt bey Johann Fillion /
Im Jahr M DC LXIX.

Abb. 4: „Es hat mir wollen behagen mit Lachen die Wahrheit zu sagen“ (Grimmelshausen 1669, Ausgabe von 1911, S. 6; Titel: Simplicius Simplicissimus, Reprint von 2004, S. 5 und 7)

Die „Jeremiaden über die Leistungen der Heranwachsenden im Lesen und (Recht-) Schreiben“ (Küttel 2000, S. 405) sind nicht neu oder waren, wie Hartmut Küttel (2000) und Hans Brügelmann u. a. (1994 und auch in diversen Diskussionen im Jahr 2013) aufzeigen, zumindest zeitweise bzw. auf die DDR bezogen, falsch. Heute kommen gute Rechtschreiber eher „aus mittleren und höheren sozialen Schichten“ als vor 30 Jahren (Steinig u. a. 2009, S. 385; vgl. a. Schründer-Lenzen 2013). Eine Selektion findet aufgrund schlechter Deutschleistungen statt. Dabei ist besonders der Rückstand der Schüler und Schülerinnen mit einem **Migrationshintergrund** sehr hoch. Dieser Rückstand hat sich jedoch seit 2000 leicht verringert (vgl. die neueren Ergebnisse von Anger, Esselmann, Fischer & Plünnecke 2012, vgl. a. die Ende 2013 vorgestellten Ergebnisse aus PISA 2012).

> „Das Kompetenzniveau der Fünfzehnjährigen in Deutschland lag – anders als vielfach angenommen worden war – in allen Domänen unter dem Mittelwert der OECD-Staaten, die Streuung war sehr hoch und der Rückstand schwächerer Schülerinnen und Schüler (der sogenannten Risikogruppe) unakzeptierbar groß. Die herkunftsbedingten Unterschiede einschließlich des Kompetenzrückstands von Jugendlichen mit Migrationshintergrund waren – gemessen sowohl an dem Ideal der Chancengerechtigkeit als auch an internationalen Maßstäben – ebenfalls inakzeptabel.“ (Klieme, Jude, Baumert & Prenzel 2010, S. 277)

Abb. 5: *Fehler kann man extra backen: *Froeh Wainacht auf einem leckeren Weihnachtsplätzchen*

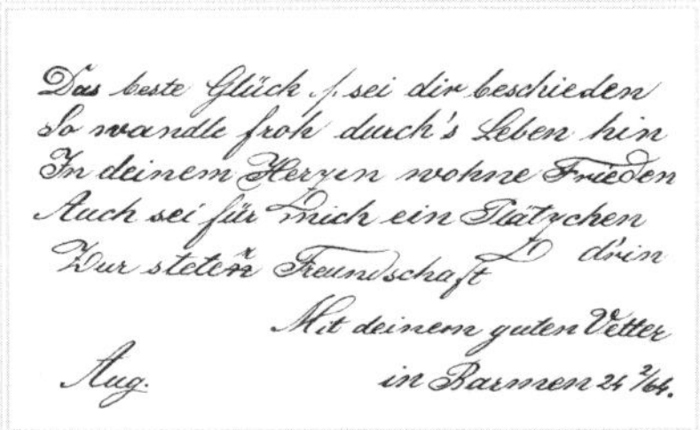

Abb. 6: *Zur *steter Freundschaft: Fehler sind keine neuen „Erfindungen“(auf einer Poesie-Karte von 1864)*

Schwache Rechtschreiber werden im Verlauf ihrer Schulzeit immer schwächer

Hier möchte ich auf einen „Unterirrtum" eingehen. Dieser lautet: Die **Rechtschreibleistungen der Schüler werden im Verlauf ihrer Schulzeit, also von Klasse zu Klasse, immer besser.** Das stimmt in dieser Form für **rechtschreibschwache Schüler** so **nicht**. Insgesamt muss ich vorab einräumen, dass hier weitere Untersuchungen notwendig sind. Ich kann nur ein Mini-Mosaik einzelner Studien vorweisen, die diesen Irrtum ansatzweise widerlegen können.

Aus eigenen (immer noch unveröffentlichten) Untersuchungen mit der **Oldenburger Fehleranalyse** haben wir Hinweise auf **negativ verlaufende Lernentwicklungen** erhalten. Das heißt, wir haben über eine „historische" (rückläufige) Analyse der Texte rechtschreibschwacher Schüler festgestellt, dass sie ohne professionelle Förderung oder Therapie im Verlauf ihrer Schulzeit **größere** orthographische Probleme entwickeln. Konkret bedeutet das z. B., dass ein Schüler in der vierten Klasse durchschnittlich 40 Rechtschreibfehler auf 100 Wörter schreibt, in der sechsten Klasse sind es aber schon 60 Fehler. Diese Negativentwicklung stützt die Einschätzung von Löffler, Meyer-Schepers & Lischeid (2007, S. 275), dass sich Schüler eine Art „**Fehlervirus**" einfangen, der zu einem „**Rechtschreibkollaps**" führen kann. Hierzu müsste verstärkt weiter geforscht werden.

Während die Verlaufsuntersuchungen von Christian Klicpera und Barbara Gasteiger-Klicpera (2001; 2003 mit Alfred Schabmann) noch deutlich zeigen, dass lese-rechtschreibschwache Kinder auf einem recht niedrigen Level **stagnieren**, führt Wolfgang Schneider aus: „Anfänglich schwache Rechtschreiber laufen Gefahr, ihre Defizite über die gesamte Schullaufbahn hinweg beizubehalten oder gar noch auszubauen" (Schneider 2008, S. 149). Explizit sprechen Steinig u. a. (2009) von schwächer werdenden Leistungen im Schulverlauf:

> „Die Daten stehen im Widerspruch zur Standardtheorie der Schreibentwicklung, wonach sich orthografische Fähigkeiten mit zunehmendem Alter verbessern: Von **Altersstufe zu Altersstufe steigt die Zahl der Rechtschreibfehler in beiden Jahrgängen vielmehr an**! 1972 war dieser Anstieg bereits deutlich, 2002 jedoch geradezu dramatisch. Die Fehlerzahl bei den älteren Schülern übertraf die der jüngsten um mehr als das Doppelte. Ein derartig großer Unterschied ist bei keiner der übrigen außersprachlichen Variablen zu beobachten." (Steinig u. a. 2009, S. 259; Hervorhebung G. Th.)

Was wäre, wenn sich durch weitere Studien **bestätigen** würde, dass es viele Schülerinnen und Schüler gibt, die im Verlauf ihrer Schulzeit ein immer größeres Rechtschreibdefizit entwickeln?

Witz von Mira, die hat ihn von Hedi,
die von Margot, die von …
(genaue Quelle ist also unbekannt)

3. Irrtum Mit dem ABC schreiben wir die Laute unserer Sprache

Bisher Dachtemann meint:

Herr Weißmann sagt:

Schrift und Sprache: Wie sich unsere Vorfahren abgequält haben – Standardlautung und Standardschreibung – Über das deutsche Laut- und Zeicheninventar – Ohne sie geht es nicht: Basis- und Orthographeme

... für uns dagegen ist die Befreiung vom Buchstaben ein erster Schritt zur Wahrheit; denn das Studium der Laute selbst liefert uns das Hilfsmittel, das wir suchen.
Ferdinand de Saussure (1916/2001, S. 38)

Schrift und Sprache: Wie sich unsere Vorfahren abgequält haben

Unsere **Schrift**, wie sie unsere Vorfahren aus der lateinischen Schrift abgeleitet haben, bietet nicht die allerbesten Voraussetzungen, um die unterschiedlichen Laute unserer **Sprache** zu verschriften. Allgemein erwartet man von einer Alphabetschrift, dass sie für jeden systematischen Sprachlaut ein Schriftzeichen bereitstellt. Dieses ist aber im Verhältnis zwischen der lateinischen Schrift und der deutschen Sprache **nicht** der Fall.

Den rund **40 Phonemen** (Standardlauten) der deutschen Sprache (s. Seite 41) stehen nur etwa **26 oder** mit *ä, ö, ü* und *ß* **30 Buchstaben des lateinischen Alphabets** gegenüber. Allerdings trügt auch dieses Zahlenverhältnis. Denn einerseits waren *w, ä, ö, ü, ß, j* und *v* oder *u* nicht im lateinischen Alphabet enthalten (s. Abbildung 7), andererseits werden einige lateinische Buchstaben gar nicht für die Schreibung des Deutschen benötigt wie *v* und *q* und eigentlich auch *c*, weil es hier keine entsprechenden Laute gibt.

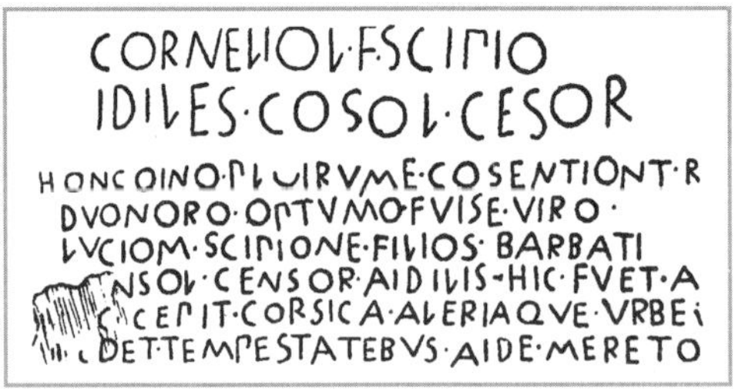

Abb. 7: Grabinschrift aus dem 3. Jh. n. Chr. (in: Jensen 1969, S. 517)

Wie sich unsere Vorfahren herumgequält haben, mit den Buchstaben der lateinischen Schrift diese germanische Sprache zu schreiben, die wir in der Frühstufe noch Fränkisch und später dann Deutsch nennen, zeigen viele alte Texte wie die Übersetzung der lateinischen Monatsnamen in deutsche bzw. fränkische Bezeichnungen vor rund 1.200 Jahren. In der zweiten Zeile der Abbildung 8 wird übersetzt:

Ianuarium	***uuintar manoth***
= Januar	***Wintermonat***

Hier fehlt noch das *w,* um *Winter* zu schreiben, man nimmt ein doppeltes *u* dafür. Die englische Bezeichnung *double-u* für den Buchstaben ***w*** erinnert noch heute an diese Lösung: *uu* = *w.*

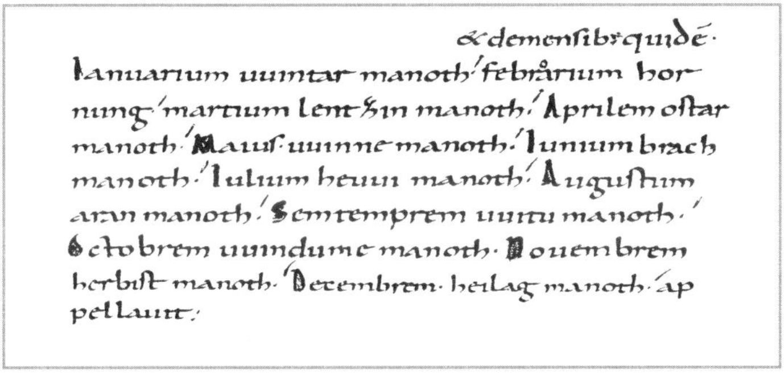
& de mensibus quidē·
Ianuarium uuintar manoth' februarium hor-
nung' martium lentzin manoth' Aprilem ostar
manoth' Maium uuinne manoth' Iunium brach
manoth' Iulium heuuin manoth' Augustum
aran manoth' Semtemprem uuitu manoth'
Octobrem uuindume manoth' Nouembrem
herbist manoth' Decembrem heilag manoth' ap
pellauit·

Abb. 8: Fränkische Monatsnamen (um 800 n. Chr., unbekannte Quelle)

Die **lateinische Schrift** ist aus der **griechischen** abgeleitet. Die alten Griechen haben die phönizischen Buchstaben für ihre Sprache angepasst oder anpassen lassen. Wir wissen nicht, ob es Griechen oder Phönizier waren, die diese Arbeit geleistet haben. Letztlich benutzen wir also die **phönizischen Buchstaben** in abgewandelter Form (s. Abbildung 9).

Das ist nicht weiter aufregend, denn die meisten Sprachen werden mit Schriftzeichen geschrieben, die für eine andere Sprache entwickelt wurden, allerdings muss angemerkt werden, dass die phönizische Schrift **nur aus Konsonantenzeichen** bestand, weil man die Schreibung von Vokalen als unnötig oder sogar störend empfand, nicht anders als heute noch im Arabischen und Hebräischen. Für Sprachen, die nur wenige unterschiedliche Vokale gebrauchen (im klassischen Arabischen gibt es nur *a, u* und *i*, diese werden aber vor oder nach fast jedem Konsonantzeichen eingesetzt), ist das in Ordnung. Das Kunstwort **ABRAKADABRA** ahmt z. B. diesen Sprachtyp nach. **BRKDBR** wäre dasselbe Wort, in rein konsonantischer Schreibweise. Auch manche deutschen Wörter sind ohne Vokalzeichen durchaus lesbar: *Schrft, schrbn, Wrtschftlchkt* usw.

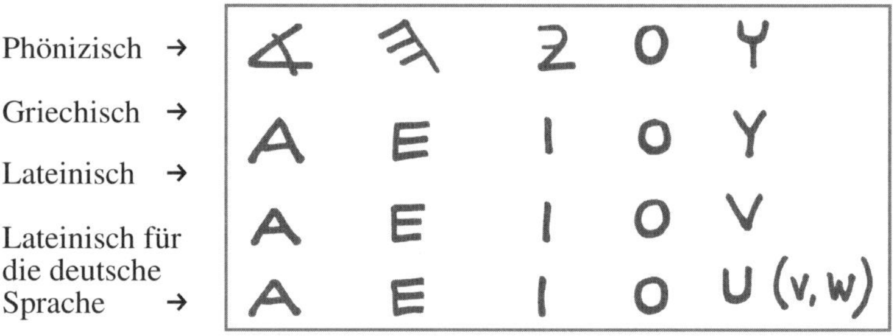

Abb. 9: Ableitung unserer Buchstaben aus phönizischen Schriftzeichen

Standardlautung und Standardschreibung

Die gesprochene deutsche Standardsprache gebraucht zur Bildung ihrer Wörter 16 Einzelvokale, 3 Diphthonge (*au, ei, eu*) und diverse Konsonanten (siehe Tabelle 6). Für die 16 Einzelvokale stellt unsere Schrift keine 16 Zeichen zur Verfügung.

Der Mangel an Vokalzei**chen** wird besonders deutlich bei der Schreibung des häufigen *Schwa*-Lautes, der Vokal, den man z. B. am Ende der Wörter *meine* oder *Blume* uvam. spricht. Dieses **Schwa** (/ə/) ist für die meisten Menschen **eine große Unbekannte**. Das Schwa wird nämlich fast immer unterschlagen oder vernachlässigt, obwohl es der **häufigste Vokal im Deutschen** ist. In diesem kurzen Satz sind alle Schriftzeichen für den Schwa-Laut einmal hervorgehoben.

Wie Sie sehen, gibt es den Schwa-Laut fast in jedem zweiten Wort. Lesen Sie einmal das Schwa als langes e (/eː/). So verkehrt wird es nämlich den Kindern beigebracht: *In dieseeeem kurzeeeen ...*! Bitte unterstreichen Sie nun in den nächsten Sätzen alle Schriftzeichen, die für das Schwa stehen.

> ✍
>
> Wir glauben, dass Ihnen das Unterstreichen der Schwa-Laute schon ziemlich gut gelingen wird. Nach einer kurzen Eingewöhnungszeit haben Sie bestimmt keine großen Probleme mehr und Sie können alle Schwa-Laute finden.

Frage: Wie viele Schwa-Laute finden Sie?

Antwort: Es sind: 21 ❍ 17 ❍

19 ❍ 16 ❍

Auf der nächsten Seite können Sie die Auflösung lesen.

Unsere Orthographie oder Rechtschreibung kann man auch **Standardschreibung** nennen. Diese Standardschreibung ist in einem **Rechtschreibwörterbuch** aufgeführt. Zu jeweils einer korrekten schriftlichen Wortform dieser Standardschreibung gehört ebenfalls nur eine korrekte lautliche Form, die Standardlautung. Nur diese passt zur jeweiligen Standardschreibung (s. Tabelle 5). Alles, was wir über das Verhältnis von Lautung und Schreibung aussagen, z. B. „nach Kurzvokal wird ..., nur bei Langvokal ...", bezieht sich auf diese Standardlautung.

Auch Muttersprachler des Deutschen verfügen normalerweise nicht über die Standardlautung der Wörter. Die eigene Aussprache ist daher für Lehrende **keine** sichere Grundlage für die korrekte Lautgliederung eines Wortes. In keiner Region des deutschen Sprachraumes spricht man 100-prozentig gemäß der Standardlautung. Wer keine, durch lange Übung erworbene Sicherheit in der deutschen Standardlautung hat, sollte in einem **Aussprachewörterbuch** (z. B. Siebs 1964/2000; Duden 2005; Krech, Stock, Hirschfeld & Anders 2009) nachsehen. Oder wissen Sie genau, wie man *lustig, Garten, Zeitung* und *nächste* ausspricht oder wie viele und welche **Phoneme** (Standardlaute) diese Wörter enthalten?

Mündliche Sprache	Schriftliche Sprache
Standardlautung	**Standardschreibung** = Orthographie
Phoneme (Elemente der Standardlautung)	**Grapheme** (Phonemen gegenüberstehende Schreibzeichen)

Tabelle 5: Die Ebenen der Standardlautung und Standardschreibung

Auflösung, siehe vorherige Seite:

Wir glaub<u>e</u>n, dass Ihn<u>e</u>n das Unt<u>e</u>rstreich<u>e</u>n der Schwa-Laut<u>e</u> schon ziemlich gut g<u>e</u>ling<u>e</u>n wird. Nach ein<u>e</u>r kurz<u>e</u>n Ein<u>ge</u>wöhnungszeit hab<u>e</u>n Sie b<u>e</u>stimmt kein<u>e</u> groß<u>e</u>n Problem<u>e</u> mehr und Sie könn<u>e</u>n all<u>e</u> Schwa-Laut<u>e</u> find<u>e</u>n.
Gratulation, wenn Sie alle 19 Schwa-Laute gefunden haben!

Die Standardlautung für die deutsche Sprache wurde erst nach der **Standardschreibung** von dieser abgeleitet. 1901/02 trat eine Kommission auf Veranlassung der Regierung des noch jungen Deutschen Reiches zusammen, um die bis dahin existierenden Rechtschreibwörterbücher der verschiedenen deutschen Staaten zu vereinheitlichen. Konkret bedeutete das, dass man eine Art "Verkehrssprache" erstellte, die quasi einen Kompromiss zwischen den unterschiedlichen deutschen Regionalsprachen bildete. Diese gemeinsame Verkehrssprache wurde im Laufe der Zeit auch von anderen deutschsprachigen Staaten (Österreich, Schweiz, Liechtenstein) übernommen.

Über das deutsche Laut- und Zeicheninventar

Die Tabelle 6 zeigt das Phoneminventar der deutschen Sprache gemäß der Standardlautung. Der schwarze Punkt unter den Beispielwörtern gibt an, ob sich der Laut am Anfang, im Inneren oder am Ende des Wortes befindet.

/a/ Apfel ●○○		/œ/ Knöpfe ○●○	
/a:/ Schal ○●○		/ø:/ Töne ○●○	
/ɛ/ Geld ○●○		/ʊ/ Mund ○●○	
/ə/ Hase ○○●		/u:/ Hut ○●○	
/e:/ Esel ●○○		/ʏ/ Mütze ○●○	
/ɛ:/ Mädchen ○●○		/y:/ Bücher ○●○	
/ɪ/ Bild ○●○		/a͜ɪ/ Eis ●○○	
/i:/ Biene ○●○		/a͜ʊ/ Auto ●○○	
/ɔ/ Topf ○●○		/ɔ͜ʏ/ Eule ●○○	
/o:/ Obst ●○○		© Günther Thomé	

Tabelle 6: Die Vokale des Deutschen (Ausschnitt aus: Thomé 2000, S. 117)

Wenn beispielsweise das Wort *Schiff* lautlich gegliedert werden soll und der **Vokal** mit der Nennung des Buchstabennamens realisiert wird, der also wie ein langer i-Laut (/i:/) klingt, dann spricht man eigentlich ein vollkommen anderes Wort, das auch orthographisch anders, nämlich *schief* und nicht *Schiff*, geschrieben wird.

Hier wird deutlich, warum es **keine kleinkarierte Rechthaberei** ist, wenn man es für wichtig hält, **alle Vokale in ihrer richtigen Länge und Kürze zu differenzieren**.

Wenn man den Vokal im Wort *Schiff* lang spricht, also ein iiiiiii spricht, dann liegt man eben

schief.

Die **Buchstaben** unseres Alphabets bilden **nicht** die Laute unserer Sprache ab. Lehrkräfte und Therapeuten müssen die korrekte Lautgliederung von Wörtern auf der Grundlage der Standardlautung beherrschen. Besondere Bedeutung kommt dabei der professionellen Unterscheidung zwischen **Lang- und Kurzvokalen** zu.

Am Beispiel des Wortes *Schiff* soll weiterhin gezeigt werden, dass neben der Unterscheidung von Lang- und Kurzvokalen eine Gliederung nicht in Einzelbuchstaben, sondern in **Grapheme** sinnvoll ist. Grapheme sind den Phonemen gegenüberstehende Schreibzeichen (siehe Tabelle 5). Warum ist es besser, wenn wir in Grapheme gliedern als in Buchstaben? Sehen wir uns wieder das Wort *Schiff* an

/ʃ/ /i/ /f/ – <sch i ff>, also:

/ʃ/ wird mit **<sch>,**
/i/ mit **<i>** und
/f/ mit **<ff>** geschrieben

Mit den **Graphemen** können wir eine sinnvolle (1 : 1) Verbindung zu den **Phonemen** (Sprachlauten) herstellen. Das können wir mit den Buchstaben als Einheiten nicht:

Die Buchstaben N und G sind etwas anderes als *ng*,
die e- und h-Schreibung in *be-halten* ist etwas anderes
als die eh-Schreibung in *sehen.*

Wenn man mit einzelnen Graphemen schreibt, dann sieht es so aus wie hier.

Kommen wir wieder zu unserem Beispiel: das *Schiff*. Das Wort *Schiff* besteht aus **drei Phonemen**. Auf der schriftlichen Ebene zählen wir **drei Grapheme**, aber **sechs Buchstaben**. Das heißt, wir haben ein Phonem-Buchstaben-Verhältnis von 3:6 (= 1:2), aber ein Phonem-Graphem-Verhältnis von 1:1. Damit ist in Bezug auf die Rechtschreibung noch nicht alles geklärt, aber schon eine ganze Menge.

Noch einmal soll demonstriert werden, dass die Grapheme und nicht die Buchstaben unsere Lautung als schriftliche **Einheiten** abbilden. Der Artikel ***die*** besteht aus **drei** Buchstaben.

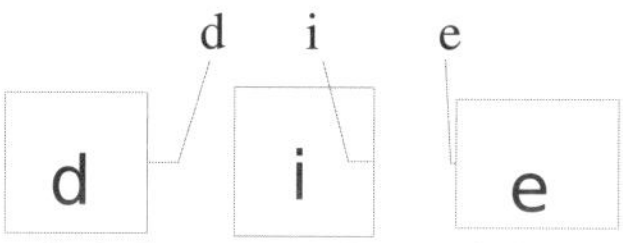

Die wird aber nur mit **zwei** Graphemen geschrieben.

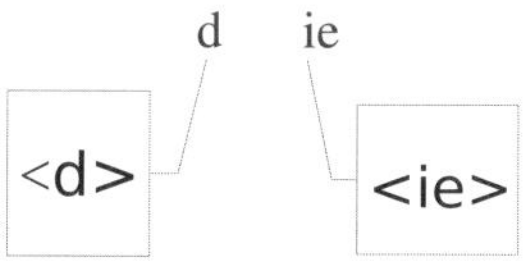

Die besteht aus **zwei Graphemen**, die **zwei Phonemen** gegenüberstehen:

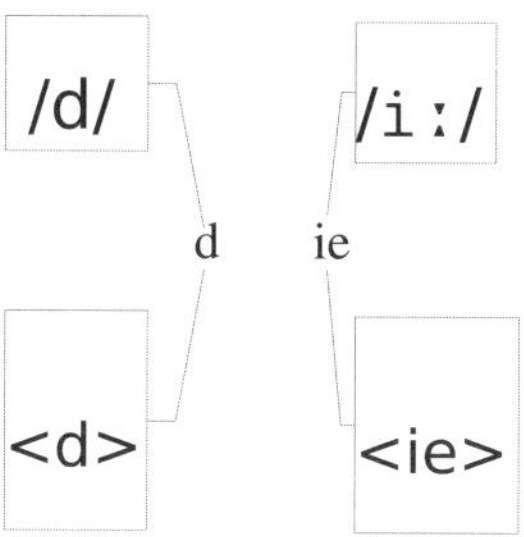

Den **zwei** lautlichen Einheiten (Phonemen) stehen also	/d/	/iː/
zwei Schreibzeichen (Grapheme) oder	<d>	<ie>
drei Buchstaben gegenüber.	d	i e

Einer lautlichen Einheit steht **eine** schriftliche Einheit, die allerdings aus mehreren Buchstaben bestehen kann, gegenüber. Wer schon schreiben kann, meint nun irrtümlich, dass es leichter sei, den Kindern die Rechtschreibung mit Buchstaben und nicht mit Graphemen beizubringen. (Glauben Sie mir, ich kenne die Widerstände nur zu gut.) Was aber den meisten Erwachsenen schwer erscheint, ist für Lernanfänger einfach. Kinder sprechen nämlich in der Regel schon alle notwendigen Phoneme. Der nächste Schritt ist nach der Standardlautung zu differenzieren:

für das /d/ schreibe ich ein <d>
für das /iː/ schreibe ich ein <ie>.

Ohne sie geht es nicht: Basis- und Orthographeme

Da kurz umrissen wurde, dass wir nicht buchstaben-, sondern phonem-graphemorientiert schreiben, bleibt noch die Frage, ob alle Grapheme die gleiche **Auftretenswahrscheinlichkeit** haben. Wenn man in umfangreichen Texten nachzählt, wie oft welches Graphem einem Phonem (Sprachlaut) gegenübersteht, kommt man zu interessanten Ergebnissen (vgl. Naumann 1999 und früher). Eine Auszählung der statistischen Verhältnisse haben wir zuerst bei 10.000 und nun bei 100.000 Zuordnungen zwischen der Lautung und Schreibung (**Phonem-Graphem-Verhältnissen**) im Deutschen durchgeführt (Thomé 1992; Thomé, Siekmann & Thomé 2011; Siekmann & Thomé 2012, S. 239–247).

Immer tritt **ein Graphem** ganz deutlich als die häufigste Schreibung für ein Phonem hervor. Für einige Phoneme gibt es sogar nur ein einziges Graphem, z. B. für das oben besprochene Schwa steht ausschließlich in deutschen Texten das Graphem <e>. Das jeweils häufigste Graphem nennen wir **Basisgraphem** (oder Basisschreibung), die anderen, falls es noch welche gibt, werden **Orthographeme** (oder für die Schüler: Nebenschreibungen) genannt.

Schauen wir uns einmal exemplarisch die Basis- und Orthographeme von zwei Langvokalen an. So ist <o> das Basisgraphem für den langen o-Laut (/oː/); <oh> und <oo> sind die Orthographeme. Für den langen i-Laut (/iː/) ist <ie> das Basis- und <ih>, < i>, <ieh> sind die viel selteneren Orthographeme (s. die Abbildungen 10 und 11).

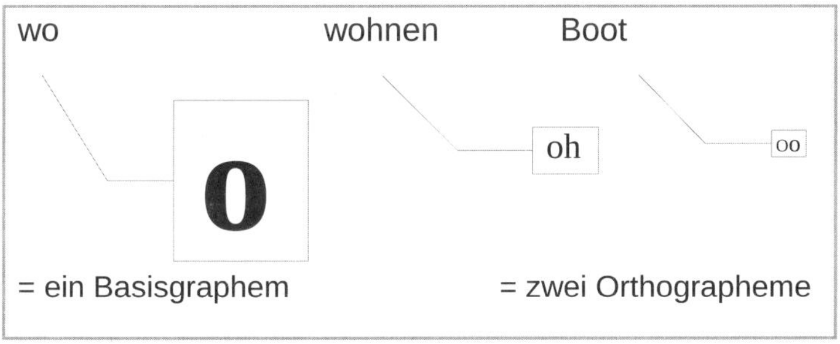

Abb. 10: Basis- und Orthographeme für /oː/

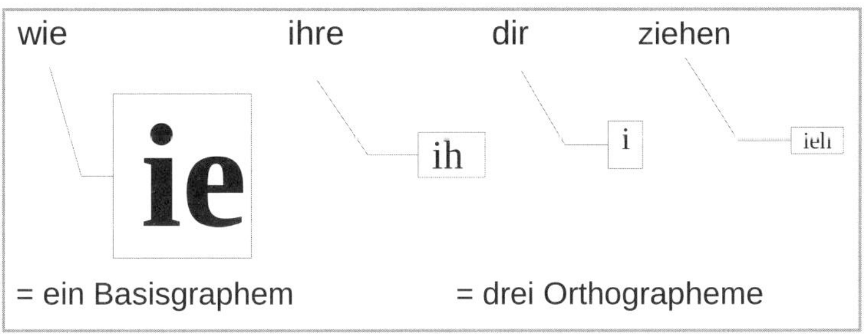

Abb. 11: Basis- und Orthographeme für /iː/

Der Vorteil für die Lerner liegt in einer klaren Struktur, die nach Häufigkeiten sortiert ist. Mit dieser sprachwissenschaftlichen Fundierung ist es möglich, den Kindern ohne Fallen und Verwirrspiele **das Wichtige zuerst** beizubringen: die Basisgrapheme. Diese sollten zuerst als Groß- und Druckschrift, besonders für das Lesen. Danach sollte möglichst für das Schreiben eine verbundene Schreibschrift verwendet werden.

Zusammenfassung

Ein **Basisgraphem** ist die häufigste Schreibung, die mit einem bestimmten Laut korrespondiert.

Orthographeme sind demgegenüber alle weiteren und seltener auftretenden Schreibungen.

Die folgende Tabelle 7 zeigt die Phoneme (Standardlaute) des Deutschen und die entsprechenden Grapheme (Schriftzeichen) mit Wortbeispielen.

Die Zeichen bedeuten Folgendes:

/ / Schrägstriche zeigen, dass es um die lautliche Ebene geht

/ :/ ein Doppelpunkt zeigt an, dass es sich um einen Langvokal handelt, das bedeutet auf der anderen Seite, dass Vokale ohne Doppelpunkt unbedingt kurz zu sprechen sind

/a:/ ist ein langer a-Laut wie in *aber*

/a/ ist ein kurzer a-Laut wie in *alle*

< > spitze Klammern zeigen eine schriftliche Einheit an

<a> ist die häufigste Schreibung für das lange a (/a:/) und

<ah> eine seltene Schreibung für das lange a (/a:/)

Laute (Phoneme) und Schreibzeichen (Grapheme)

/Phonem/	Grapheme	/Phonem/	Grapheme
Vokale		**Konsonanten**	
Langvokale			
/aː/	a-ah-aa (war, sah, Haar)	/b/	b-bb (bunt, Ebbe)
/eː/	e-eh-ee (Weg, Reh, See)	/d/	d-dd (die, Kladde)
/iː/	ie-ih-i-ieh (die, ihr, wir, Vieh)	/ɡ/	g-gg (gut, Egge)
/oː/	o-oh-oo (groß, wohnt, Moor)	/z/	s (so)
/uː/	u-uh (Zug, Kuh)	/v/	w-v (wie, Vase)
/ɛː/	ä-äh (schälen, fährt)	/p/	p-b-pp (Preis, gelb, Suppe)
/øː/	ö-öh (schön, fröhlich)	/t/	t-d-tt-dt-th (mit, Rad, nett, Stadt, Thron)
/yː/	ü-üh (müde, führt)	/k/	k-g-ck-ch-c (kam, weg, dick, Chor, Clown)
Diphthonge		/s/	s-ss-ß (Eis, wissen, Fuß)
/a͜ʊ/	au (grau)	/f/	f-ff-v-ph (für, Riff, von, Phon)
/a͜ɪ/	ei-eih-ai (ein, Geweih, Mai)	/r/	r-rr-rh (rot, irre, Rhein)
/ɔ͜ʏ/	eu-äu (heute, Bäume)	/l/	l-ll (laut, hell)
Kurzvokale		/h/	h (heute)
/a/	a (Ast)	/n/	n-nn (nicht, kennen)
/ə/	e (Blume)	/m/	m-mm (mit, komm)
/ɪ/	i-ie (nicht, vierzig)	/ŋ/	ng-n (Gang, krank)
/ɔ/	o (trocken)	/j/	j (ja)
/ʊ/	u (bunt)	/x/	([x]+[C]) ch-g (Bach/ich, König)
/ɛ/	e-ä (hell, fällt)	/ʃ/	sch-s (schön, steil)
/œ/	ö (öffnen)	/p͜f/	pf (Topf)
/ʏ/	ü-y (Mütze, Physik)	/k͜s/	chs-x (Fuchs, Hexe)
		/t͜s/	z-tz (Zahl, Katze)
		/k/+/v/	q+u (quer)

Tabelle 7: Die Phoneme und Grapheme des Deutschen

In Eigennamen (z. B. Mayer <ay>) und Fremdwörtern (wie Joghurt <gh> oder Pizza <zz>) finden sich weitere Schreibzeichen. Diese gehören nicht zum Kernbestand der deutschen Orthographie und sind daher nicht aufgeführt.

Abb. 12: Zeichnung eines Erstklässlers: „A E I O U - der Mund geht immer weiter zu". Hier wird sogar das ganze Männlein kleiner. Wieder ein Beispiel für die aktive Konstruktion von gehörten Informationen.

Es gibt tolle Ideen!

4. Irrtum Die Unterrichtsmaterialien sind geprüft und korrekt

Herr Dachtemann:

Herr Weißmann:

Inhaltlich richtig sollte es schon sein: Buchstaben-, Anlauttabellen und die meist fehlende Berücksichtigung von Häufigkeiten – Didaktisch und lernpsychologisch richtig sollte es auch sein: keine Ranschburgsche Hemmung oder verwirrende Rätsel

Inhaltlich richtig sollte es sein: Buchstaben-, Anlauttabellen und die meist fehlende Berücksichtigung von Häufigkeiten

Einige oder viele von Ihnen kennen vielleicht eine **Fruchtjoghurt-Sorte** mit magnetischen Sammelbuchstaben im Deckel, die man zu Hause an die Kühlschranktür heften kann. So sollen sich schon kleine Kinder mit Hilfe der drolligen Buchstabenfiguren die Teile unseres Alphabets einprägen. Beispielsweise gibt es ein *Y* mit einem *Yak* und ein *I* mit einem *Igel.*

Ich finde an anderer Stelle – nämlich in einer sogenannten Buchstaben-Anlauttabelle als Teil eines regulären Schulmaterials wieder ein *Y* mit einem *Yak* und ein *I* mit einem *Igel* abgebildet.

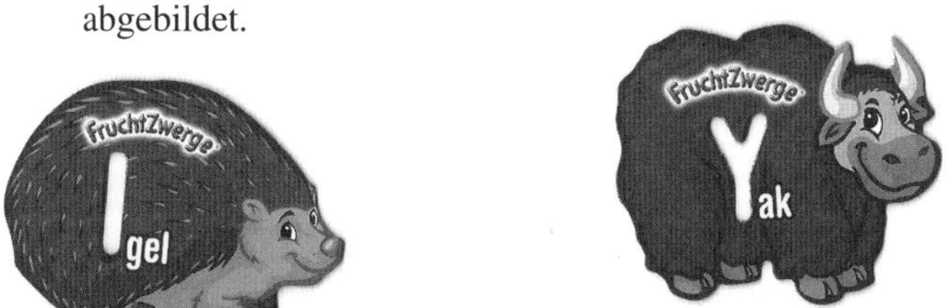

Abb. 13: Igel- und Yak-Magnetscheiben

Was kann man daraus schließen?
Nun, entweder sind die Beigaben auf Joghurtbechern auf demselben **hohen didaktischen Niveau wie** ganz reguläre **Unterrichtsmaterialien** oder aber manche Unterrichtsmaterialien sind auf demselben Niveau wie **Joghurtbecher**.

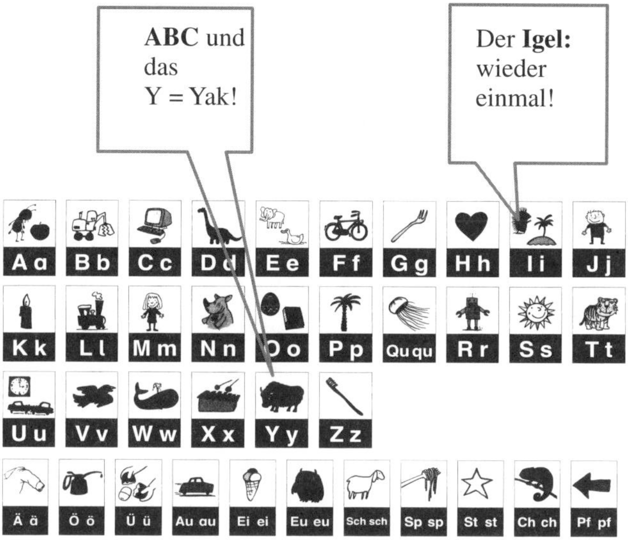

Abb. 14: ABC-Anlauttabelle (in: Brinkmann 2008, Einlegeblatt)

In ausgezählten 100.000 Phonem-Graphem-Verhältnissen (vgl. Thomé, Siekmann & Thomé 2011; Siekmann & Thomé 2012, S. 242) taucht übrigens das <y> nur zweimal (einmal für langes und einmal für kurzes ü (/ʏː/ und /ʏ/) auf. Soviel zum sehr seltenen „ABC-Jeck", äh, „-Yak" (zur seltenen i-Schreibung siehe Abbildung 15).

Erst mit einer Differenzierung von **Basis- und Orthographemen** haben wir die Möglichkeit, systematisch die Schreiblerner **zuerst** mit den häufigen und einfachen und **später** mit den seltenen und schwierigen Schreibzeichen vertraut zu machen. Mit der vorrangigen Vermittlung der Basisgrapheme können wir eine grundlegende didaktische Forderung erfüllen. Die Unterscheidung von wichtigen und nicht so wichtigen Schreibzeichen ist ein **Grundpfeiler** für die **basale Vermittlung unserer Schrift** und entspricht der Prämisse, dass man Grundlegendes vor Ausnahmen, Häufiges vor Seltenem unterrichten sollte. Wie es Johann Amos Comenius ausführt: „vom Leichten zum Schwereren" (Comenius 1657/1992, S. 96).

Zuerst das Häufige, dann das Seltene

Wenn wir den Schülerinnen und Schülern ein zu 80 bis 90 Prozent auftretendes Basisgraphem anbieten können, warum bringen wir ihnen dann zuerst die seltenen Grapheme bei? Dieses Vorgehen ist nicht nur unter fachdidaktischem Gesichtspunkt inakzeptabel, es ist **grundsätzlich falsch**. Überprüfen Sie bitte einmal, in welcher Reihenfolge Sie selbst etwas lernen möchten, sicher nicht zuerst die Ausnahmen.

Lautlich korrekt oder lautentsprechend?

Die Einteilung in Basis- und Orthographeme ist aber nicht nur eine wesentliche Grundlage für die Schriftvermittlung, sie leistet auch hervorragende Dienste bei der **Analyse von Rechtschreibfehlern** und damit bei der Einschätzung eines eventuell notwendigen **Förderbedarfs** (vgl. Siekmann 2013; Hellmich & Siekmann 2013). Das **Verhältnis der lautentsprechenden** zu den **nicht lautentsprechenden** Schreibungen in freien Texten ist wohl das wichtigste Analysekriterium für die Bewertung der individuellen Rechtschreibkompetenz.

Phonem	Beispielwörter	Grapheme	in abs. Zahlen	in Prozent
/iː/	Wiese	ie	1955	72,11 %
	ihr	ih	478	17,63 %
	dir, Igel	i	241	8,89 %
	zieht	ieh	37	1,36 %
			Summe 2711	**100,00 %**

Abb. 15: Ergebnis einer 100.000er-Auszählung deutscher Phonem-Graphem-Verhältnisse: die Schreibungen des langen i-Lautes (/iː/) (nach: Siekmann & Thomé 2012, S. 241)

Es stellt sich nun die Frage, was ist "**grundlegend lautentsprechend**"? Was sind lautlich korrekt geschriebene Wörter? Hierzu kann man durchaus unterschiedliche Ansichten hören, wobei sich die Unterschiede in der Regel aus einer mehr oder weniger sprachwissenschaftlichen Fundierung erklären lassen. Hier das Wichtigste in Kürze.

Ein Wort, das lautentsprechend oder auch lautgetreu geschrieben ist, muss zwei Bedingungen erfüllen:
1. Die zugrunde liegende Lautanalyse und die Lautgliederung müssen der deutschen Standardlautung entsprechen.
2. Die verwendeten Schriftzeichen müssen zur Gruppe der mit dem jeweiligen Phonem korrespondierenden Zeichen gehören.

Grobe und bereits im Ansatz falsche Rechtschreibkonzepte, die durch **unprofessionelles Gliedern** auffallen, waren etwa die Ganzwort-, Ganzsatz- und auch Ganztext-Methoden, die in die Geschichte der Didaktik (vgl. Menzel 1990; Glinz 2006; Ossner 2006; Valtin 2006) eingegangen sind. Ebenso falsch war die Buchstabiermethode, nach der Wörter in Buchstaben aufgeteilt und diese mit den Buchstabennamen benannt werden. Sie scheiterten alle, weil sie weder dem Wesen unseres alphabetischen Schriftsystems und schon gar nicht dem Wesen von sechsjährigen Kindern gerecht wurden.

Die rech=
te weis aufs kürtzist lesen
zu lernen / wie das zum er
sten erfunden / vnd aus der rede
vermerckt worde ist / sampt ein
gesprech zweyer kinder / aus
dem wort Gottes.
Valentin
15 Ickelsamer 27.

Abb. 16: Valentin Ickelsamer (1527): „Die rechte weis aufs kürtzist lesen zu lernen“ (Reprint in: Pohl 1971, S. A1r)

Auch der wieder einmal „neu“ entdeckte und gegenwärtig verbreitete Ansatz, Wörter zum Schreiben in Silben zu gliedern (s. Abbildungen 16 und 17), scheint für den Rechtschreiberwerb nicht so überzeugend (wie z. T. für das Lesenlernen) zu sein, wie neuere Studien zeigen (vgl. Weinhold 2006, 2009; die informative Übersicht über empirische Befunde zur Silbifizierung in Risel 2011a, S. 131 ff.).

f F Fi ſcher

Fi	Fel	Fal	Ru
Fi ſche	Fel ſen	Fal ter	Ru der
Fi ſcher	Fel der	Fal ke	Ru ten

Auf dem Wei her.

Es war ein ſchö ner A bend. Der Wei her lag ein ſam zwi ſchen den Fel ſen. Da kam der Fi ſcher. Er bog am U fer die Ru ten auf die Sei te und mach te den Fi ſcher kahn los. Er ſtieg hin ein. Er faß te die bei den Ru der. Raſch fuhr er in den Wei her hin ein. Ei ni ge Fal ter gau kel ten ü ber das Waſ ſer. Ein Vo gel flog ü ber den Wei her. Er ſpie gel te ſich im Waſ ſer. Es war ein Fal ke. Der Fi ſcher tauch te lang ſam die Net ze in den Wei her. Nach ei ner Stun de hat te er ein Faß voll Fi ſche ge fan gen.

Abb. 17: Fibel „Deutsches Kinderbüchlein“ (Eisenlohr 1927/1998, S. 51)

Nach Thomas Lindauer & Claudia Schmellentin (2008) gibt es ganz pragmatische Gründe, den Streit zwischen Silben- und Lautorientierung zu entscheiden:

> „Kommt also beim **silbenbasierten Ansatz** ein weiteres sprachsystematisches Konzept hinzu, welches die Schüler und Schülerinnen für die Anwendung der Regel kennen müssen, kann beim **auf der Vokalquantität beruhenden Ansatz** auf ein Konzept zurückgegriffen werden, welches auch für die Anwendung anderer Regeln gebraucht wird.“ (Lindauer & Schmellentin 2008, S. 95; Hervorhebungen G. Th.)

Wie kann es überhaupt sein,

- dass den Kindern in Unterrichtsmaterialien falsche Informationen gegeben werden,

• dass keiner etwas gegen die ABC-Nulldidaktik unternimmt und
• dass so etwas seit langem passiert?

Das kann man sich doch gar nicht vorstellen. Aber ist es andererseits zu glauben, dass z. B. in Spielzeug für Kleinkinder gefährliche Giftstoffe enthalten sind? Eigentlich nicht, es ist aber wahr.

Während es sich für die Konsonantenzeichen mittlerweile durchgesetzt hat, dass man **nicht** die **Buchstabennamen** (EL für L sagt, EM für M oder EN für N, damit könnte man das Wort *Ente* so schreiben: NT, also EN + TE) nennen soll, **sondern die Lautwerte** (wie l, m, n oder p), ist das Grundwissen zum Bereich der **Vokale** – besonders der Kurzvokale – **noch nicht** in die Unterrichtsmaterialien als Mindeststandard eingeflossen (eine der rühmlichen Ausnahmen ist das „Schweizer Sprachbuch zwei" von Elly Glinz 1990, s. a. schon Hans Glinz 1955).

Immer wieder ist sonst überall zu lesen: *Das Deutsche besitzt die fünf Vokale: a, e, i, o und u.* Damit sind aber nur fünf Langvokale genannt, deren Namen genauso klingen. Es fehlen alle Kurzvokale.

Beispiele	
d**a**nn	enthält keinen langen a-Laut,
w**e**nn	enthält keinen langen e-Laut,
immer	enthält keinen langen i-Laut,
k**o**mmen	enthält keinen langen o-Laut,
unter	enthält keinen langen u-Laut.

Einige Leserinnen und Leser werden jetzt vermutlich einwenden: „Das ist doch **viel zu kompliziert.** Das schaffen die Kinder doch gar nicht!!!" Doch, denn die Kinder sprechen die Vokale ja auch, sonst würden sie zu einem *Schiff schief* sagen. Vielleicht können aber Ihre Bedenken durch den Hinweis auf eine Untersuchung (Jansen & Thomé 1998, mehr dazu ab Seite 93) zerstreut werden, die ergab, dass — für viele erstaunlich – Schüler am **Anfang der ersten Klasse Vokale besser differenzieren können als am Ende.**

Die falschen Vokalbezeichnungen erschweren den Kindern nicht nur den Zugang zur Konsonantenverdoppelung, sondern produzieren weitere orthographische Probleme, z. B. bei den *ge-*, *be-*Präfixen und *en-*Endungen. Sicherlich kommen Ihnen die folgenden Fehlschreibungen bekannt vor. Sie sind eigentlich logische Folgen einer **Buchstabenorientierung**.

Beispiele

**wider*	für *wieder*
**behkommen*	für *bekommen*
**gessen*	für *gegessen*
**wen*	für *wenn* und umgekehrt
**den*	für *denn* und umgekehrt
**Brun / Brunn*	für *Brunnen*
**ren / renn*	für *rennen*
**kom / komm*	für *kommen*

Das eben Gesagte gilt für alle Schüler. Aber viele Schüler lernen es **trotz** der falschen Informationen, während es andere, die etwas **länger** für ihren Schriftspracherwerb **brauchen**, ganz übel trifft. Für diese Schüler kann ein unsystematischer und verwirrender Rechtschreibunterricht schlimme Folgen haben. Hier erwächst uns eine **besondere Verantwortung** und **Verpflichtung zur Qualität** für unsere Lehre und unseren Unterricht.

Mit der folgenden Zuordnung von Lang- und Kurzvokalen (s. Tabelle 8) hat man schon einiges an fachdidaktischer Systematik erreicht. Man benötigt nach dem Basiskonzept® Schriftspracherwerb (s. Abb. 18), das sprachdidaktische Entwicklungs- mit sprachwissenschaftlicher Häufigkeitsorientierung verbindet:

- keine weitere Differenzierung nach gespannten oder ungespannten Vokalen (oder Konsonanten) und
- keine Häuschen (mit „gequetschten" Zimmern) und mit diversen Haupt- und Nebengaragen (zum Aufbaukonzept vgl. a. Hartmann & Thomé 2009).

Abb. 18: Entwicklungsorientierter Schriftspracherwerb nach dem Basiskonzept® von Thomé & Thomé

Lang-vokale	/aː/	/eː/	–	/iː/	/oː/	/uː/	/ɛː/	/yː/	/øː/	/a͜ʊ/	/a͜ɪ/	/ɔ͜ʏ/
Kurz-vokale	/a/	–	/ə/	/ɪ/	/ɔ/	/ʊ/	/ɛ/	/ʏ/	/œ/	–	–	–

Tabelle 8: Die Systematik der Vokale des Deutschen: Langvokale (mit den Diphthongen au, ei, eu) und Kurzvokale

Die Schreibung von Langvokalen

Langvokalschreibungen stehen mit über 95 prozentiger Wahrscheinlichkeit **für sich alleine. Selten** können sie aus **einem angefügten Dehnungs-h** bestehen und ganz selten sind sie verdoppelt.

Langvokal /aː/ = a **ah** **aa**

danach folgen = **nie Konsonantenverdoppelungen**, nicht **habben*, sondern *haben*

Beispiel mit einem Kunstwort:
Hul enthält einen Langvokal, hier ein langes /uː/,
Hull dagegen einen Kurzvokal, das kurze /u/.

Anmerkung: In der Schweiz gibt es wegen der nicht vorhandenen ß-Schreibung allerdings ein doppeltes *s* nach Langvokalen: *Strasse, Grüsse.* Auch bei Eigennamen gibt es Verdoppelungen nach Langvokalen und Diphthongen wie in *Hauff* oder *Haack.*

Die Schreibung von Kurzvokalen

Kurzvokalschreibungen stehen **immer ohne Dehnungs-h.** Wenn es **Konsonantenverdoppelungen** gibt, dann nur nach Kurzvokalen.

Kurzvokal /a/ =	**a - -**
danach folgen =	**2 Konsonant-Basisgrapheme**, z. B. a l + t (selten nur 1 Konsonant-Basisgraphem, z. B in sog. „kleinen Wörtern“: *mit, in, zum, von*) **oder** **1 Konsonant-Orthographem**, z. B. a ll e

Hinzukommen noch wichtige morphematische Elemente (Wortbausteine, s. a. Augst 2009), die gelehrt und gelernt werden müssen, wie *ver* + *kauf* + *en*. Auch das zusammengesetzte Nomen *Fahr-rad* können wir nur richtig schreiben, wenn wir die zwei Wortbausteine beachten: *fahr* + *rad* = *Fahrrad* (mit Groß- und Zusammenschreibung, s. a. das Material „Fahrt in die Ritterzeit“, Thomé & Thomé 2012).

Wortbaustein/isb, Foto: Uly

Didaktisch und lernpsychologisch richtig sollte es auch sein: keine Ranschburgsche Hemmung oder verwirrende Rätsel

Von Paul Ranschburg (1905) können wir etwas Wichtiges lernen, nämlich, was eine **Ranschburgsche oder Ähnlichkeits-Hemmung** ist. Damit werden Gedächtnis-, Speicher- oder Lernprobleme bezeichnet, die aufgrund ähnlicher (Lern-) Inhalte entstehen. Erinnern Sie sich an den gezeichneten Turm (s. Umschlag und Vorwort) mit dem Wortspiel: *Ihre Türme – Irrtum – Ihr Turm*? Wenn Sie diese Zeile einige Male lesen, dann wissen Sie, was eine Ranschburgsche Hemmung ist. Man ist irritiert und kann leicht etwas verwechseln.

Warum ist das Wissen um diese Lernhemmung so wichtig? Nun, man kann vermuten – wissenschaftliche Untersuchungen gibt es meines Erachtens keine -, dass die sog. **Ranschburgsche Hemmung** in Bezug auf die **Buchstabenvermittlung** für manche Lerner enorm negative Auswirkungen hat. Über Jahre hin hören Kleinkinder explizit oder implizit etwas über die Buchstaben (vgl. zur Rolle des impliziten Wissens Ise & Schulte-Körne 2012). Diese **Buchstabenorientierung** wirkt sich vermutlich für die, die **nicht** zu den Schnelllernern gehören, lernhemmend aus. Die anderen Kinder können, wie oben erwähnt, Falschinformationen unbewusst ausblenden. Über viele OLFAs (Oldenburger Fehleranalysen) haben wir deutliche Hinweise auf diese „**buchstabenbasierte Hemmung**" erhalten (auch über eine besondere Schreibweise der Vornamen der Kinder, vgl. a. Treiman 1993; Herné 2004). Weitere Forschungen sind nötig.

Alles, was wir zuerst und
oft hören, sitzt ziemlich fest.
Manchmal ist das gut!
Manchmal ist das schlecht
z. B. bei den
Buchstabennamen:
A, E, I, O, U!

Erstinformationen, die falsch sind und auch noch **häufig wiederholt werden**, sind schlichtweg **katastrophal.**

> Das ist ein A, also *AAAAAFFEEEEE (Affe).
> Das ist ein E, also *EEEEEELCH (Elch) und
> bei BLUME steht wieder ein E, also *BLUMEEEEEE.

Und dann erwartet man, dass die Kinder richtig schreiben lernen – nach 1.000-fachen Fehlinformationen? Jetzt können Sie sich vielleicht besser vorstellen, warum es absolut schädlich ist, wenn Schreibanfänger **zu früh, also vor den Basisgraphemen, die Buchstaben lernen** und man ihnen dann, als nächste Barriere, Aufgaben stellt, die die Ranschburgsche Hemmung provozieren:

Wie schreibt man	Ber	g oder k ?
	Zwer	g oder k ?
	Wer	g oder k ?

Die Auslaute in diesen Wörtern hören sich aber absolut gleich an! Man muss den Lernern eher zeigen, **wie** sie mit Wortbausteinen (*Berg-e, Zwerg-e, Werk-e*) arbeiten können.

Diese Lernhemmnisse wabern durch fast alle Materialien für den Rechtschreib- und Fremdsprachenunterricht, z. B. findet man in vielen Englisch-Lernheften das **gleichzeitige** Üben von *who (= wer)* und *where (= wo)*, ein zukünftiges Verwechseln ist vorprogrammiert. Für Kinder mit **Migrationshintergrund** sind Fehlinformationen doppelt schädlich, da sie über kein standardlautliches oder umgangssprachlich wenigstens einigermaßen sicheres Korrektiv verfügen.

Seit vielen Jahren und Jahrzehnten weisen Renate Valtin und Ingrid Naegele in ihren Veröffentlichungen auf die pädagogisch-didaktischen Schwachstellen und Mängel von Unterrichtsmedien hin (vgl. über den Einfluss des Fachwissens der Lehrkräfte und die Qualität der Materialien auf die Rechtschreibleistung: Löffler 2004; Weinhold 2006, 2009; Valtin, Naegele & Thomé 2000; Corvacho del Toro 2013).

Es ist mehr als unverständlich, wie diese Materialien für den Schuleinsatz die vorgeschriebenen **Genehmigungsverfahren** durchlaufen konnten. Man kann sich über die Unkenntnis und Unverfrorenheit mehr als wundern, mit der Kindern fehlerhafte und didaktisch falsch aufbereitete Lerninhalte vorgesetzt werden. Henriette Hoppe (2009, S. 332) stellt über das Begutachtungsverfahren (Lernbereich Textproduktion) fest: „dass das derzeit gängige Zulassungsverfahren erneuert werden muss, da es jeglicher Legitimation entbehrt.“ Sie kritisiert: „Das derzeitig praktizierte Verfahren hat allerdings zur Folge, dass keine öffentliche Diskussion über Schulbücher mehr stattfindet. Es fällt auf, dass auch in Fachzeitschriften immer weniger Unterrichtswerke besprochen werden.“ (Hoppe 2009, S. 47)

Wolfhard Kluge findet gravierende Mängel in den Leselernmaterialien seines Enkels und fordert: „Die Kinder haben das Recht, vor solchen Lehrmitteln und Fibeln verschont zu bleiben!" (Kluge 2009, S. 24). Er führt aus:

> „Der Fehler liegt im System, liegt darin, dass Lehrmittel angeboten werden, `entwickelt´ von `Fachleuten´ (für die man sie schließlich ja halten muss); von Fachredaktionen auf den Markt gebracht; von Schulaufsichtsbehörden für den Gebrauch an Schulen genehmigt." (Kluge 2009, S. 24)

Angesichts der fachdidaktischen „Qualität" der Lernmaterialien empört sich Kluge zu Recht, dass die Qualitätskontrolle durch staatliche Institute nicht funktioniert:

> „Wie kann in diesem Bundesland (gemeint ist Hessen, es könnte aber auch jedes andere Bundesland sein, Anmerkung G. Th.) das Lehrbuch, nach dem unser Enkel zur Zeit unterrichtet wird, genehmigt werden, das in völligem Widerspruch steht zu dem, was der Rahmenplan als offizielle Anweisung vorgibt" (Kluge 2009, S. 27).

Hier ist – trotz unserer konträren Ansätze – Christa Röber zuzustimmen, wenn sie die unsystematische **Verteilung von Lerninhalten** in Fibeln und Sprachbüchern kritisiert: „Das Laborieren an Details verhindert das Erkennen von Systematik, vergrößert den Eindruck des Kasuistischen, Unregelmäßigen" (Röber 2009, S. 39; a. Eisenberg & Fuhrhop 2007, S. 25; Moats, Foorman & Taylor 2006; Thomé 1996).

Heinz Risel (2011a) geht ebenfalls auf die Bewertung rechtschreibdidaktischer Materialien ein und fordert: „dass Rechtschreibmedien daraufhin untersucht werden müssen, wie sie die Lerngegenstände sehen, auf welche **übergeordneten Spracheinheiten** (Silbe, Morphem, Syntagma, (Teil-)Satz) sie orientieren und ob sie das korrekt tun. Eine weitere Messlatte für die Darstellung rechtschreiblicher Phänomene im Schulbuch ist die Berücksichtigung von **Vorkommenshäufigkeiten** ..." (Risel 2011a, S. 174; s. a. 2003).

Abb. 19: Mehrere Ärgernisse auf einmal für die vierte Klasse (in: Valtin, Naegele & Thomé 2000, S. 157; s. a. Abbildung 28, S. 105)

Die Abbildung 19 verdeutlicht, wie schlechte Übungen aussehen:
1. sie enthalten keine Lerninformationen,
2. sie verunsichern, da man nicht weiß, was zu tun ist,
3. sie verwirren durch unsinniges Zerstückeln, Zerbröseln, Geklecksе und Verdrehen von Wortteilen oder Buchstaben.

Fachdidaktik ist etwas anderes als Rätsel zu stellen! So kann man Lerner nicht beim Aufbau ihres inneren Regelsystems unterstützen.

Das Schreibenlernen ist ein Prozess, der sich über viele (= mindestens acht) Jahre erstreckt. Es zeugt **nicht** gerade von **Professionalität**, wenn man die Lerninhalte nicht in leichte bis schwere oder grundlegende bis weiterführende einteilen und den entsprechenden Jahrgängen zuordnen kann. Bereiche, die zu früh im Unterricht behandelt werden, bringen die Schüler **nicht schneller** voran, im Gegenteil, **sie verwirren** und werfen sie sogar zurück.

Vor über 10 Jahren haben Regina Hartmann, eine erfahrene Grundschullehrerin, und ich die fachdidaktische Qualität von 58 damals gängigen Rechtschreibmaterialien bewertet und z. T. im Unterricht getestet. Unser Urteil lautete, dass „leider fast alle Materialien reichlich didaktische `Ärgernisse´ enthalten, d. h. Übungsaufgaben, die zur Verunsicherung und Demotivation führen“ (Thomé & Hartmann 2000, S. 146). Eine Wiederholung würde heute besser ausfallen? Meinen Sie?
Wirklich?

5. Irrtum **Alle können die Rechtschreibregeln** (nur **ich** nicht)

Bisher Dachtemann meint:

Herr Weißmann sagt:

Warum keiner die Rechtschreibung mag oder das gewisse Unbehagen mit und an den Regeln – Des Kaisers neue Kleider: Aber der Kaiser ist ja nackt! – Wie kommen wir zu den Regeln? Über die Prinzipien der deutschen Orthographie – Aus Prinzipien werden Regeln – Deskriptive (beschreibende) und präskriptive (vorschreibende) Regeln – Innere Regelbildung – Linguistische und psycholinguistische Regeln: Gegenstands- und Lernerperspektive

Warum keiner die Rechtschreibung mag oder das gewisse Unbehagen mit und an den Regeln

Rechtschreiben ist irgendwie unbeliebt und der Gedanke daran löst bei den meisten Menschen **unangenehme Gefühle** aus. Heutzutage ist es üblich und allgemein akzeptiert, sich mit der letzten Rechtschreibreform herauszureden, die dafür verantwortlich sei, dass sich „jetzt keiner mehr auskennt". Aber die wahren Gründe für das Unbehagen mit und in der Orthographie liegen sicherlich tiefer. Einmal sind es die Erinnerungen an den eigenen Rechtschreibunterricht, aus dem man irgendwann geistig ausgestiegen ist, weil man mit den Regeln nicht klarkam:

> Man konnte sie sich nicht merken,
> man konnte sie nicht verstehen,
> man konnte sie nicht anwenden und wenn
> man eine Regel angewendet hat, dann war es auch wieder
> falsch.

Und außerdem denkt jeder: „Nur **ich** kenne die Regeln nicht. Alle anderen kennen sie, also muss ich auch so schlau tun." So geht es vielen Menschen, eigentlich fast allen (studierte oder nicht-studierte Orthographietheoretiker einmal ausgenommen). Was passiert aber, wenn alle Menschen das denken? Ganz klar: Jeder bestätigt jedem, dass jeder alle Regeln kennt oder kennen sollte. Ein **regelrechter Regelkreis**!

Des Kaisers neue Kleider: Aber der Kaiser ist ja nackt!

Vielleicht erinnern Sie sich an die Geschichte „**Des Kaisers neue Kleider**"? Hier geht es darum, dass jeder – um nicht dumm zu erscheinen – behauptet, dass der Kaiser wunderschöne Kleider trage, dabei hat er gar keine an. Erst als ein Kind ruft: „Der Kaiser ist ja nackt", trauen sich die Leute, ihre taktischen Schutzbehauptungen aufzugeben. Und wie ist es bei Ihnen, liebe Leserin und lieber Leser? Sie können sofort entscheiden, ob ich Recht habe: Kennen und beherzigen Sie alle notwendigen Rechtschreibregeln? Wenn ja, dann habe ich Unrecht, wenn nein, dann haben wir einen Irrtum aufgedeckt. Wenn Sie mit „ja" geantwortet haben, wie verständlich sind für Sie die folgenden Zeilen. Vielleicht wollen Sie doch lieber mit „NEIN" antworten?

> **„Besondere Kennzeichnung der kurzen Vokale**
> Folgen auf einen betonten Vokal innerhalb des Wortstammes – bei Fremdwörtern betrifft dies auch den betonten Wortausgang – zwei verschiedene Konsonanten, so ist der Vokal in der Regel kurz; folgt kein Konsonant, so ist der Vokal in der Regel lang; folgt nur ein Konsonant, so ist der Vokal kurz oder lang. Deshalb beschränkt sich die besondere grafische Kennzeichnung des kurzen Vokals auf den Fall, dass nur ein einzelner Konsonant folgt." (DUDEN 2000, S. 1114 f., § 2, § 4, § 5)

Wie verständlich sind für Sie diese Regeln zur Kennzeichnung der kurzen Vokale?

Wenn Sie noch unsicher sind und mehr darüber wissen wollen, ist es sinnvoll, nun die Rechtschreibregeln etwas genauer zu betrachten, ihren Charakter zu bestimmen und ihre Funktion für das Schreibenkönnen zu klären.

Wie kommen wir zu den Regeln? Über die Prinzipien der deutschen Orthographie

Bis vor wenigen Jahrhunderten hat sich die Schreibung des Deutschen – von einer geregelten Orthographie kann man noch nicht reden – überwiegend im Schreibgebrauch entwickelt. Mit dem Bedürfnis größerer Bevölkerungsschichten, neben oder statt der lateinischen Sprache auch das Deutsche lesen und schreiben zu lernen, entstehen erste Unterrichtswerke für diesen Zweck.

Da es keinen „Konstrukteur" unserer Rechtschreibung gibt, gibt es auch keinen Bauplan und keine Bedienungsanleitung. Wie die Orthographie grundsätzlich funktioniert, konnte und kann man bis heute nur durch die Analyse von Texten rekonstruieren und dann die Ergebnisse als **Prinzipien der Orthographie**, die wie Regeln formuliert sind, beschreiben (zur Regeldiskussion vgl. Balhorn 1989; Eisenberg 2000, 2013).

Es gibt ältere Bemühungen, allgemeine Grundzüge der Schreibung des Deutschen zu formulieren. Für das 16. Jahrhundert ist Valentin Ickelsamer (1527, s. Abb. 16) zu nennen und für das 17. Jahrhundert M. Johan Bellin (1657) mit seinem Werk „Hochdeutsche Rechtschreibung; darinnen die insgemein gebräuchliche Schreibart und derselben in vilen stükken grundrichtige Verbesserung unforgreiflich gezeiget würd“. Auch die „Anweisung zur Teutschen Orthographie“ von Hieronymus Freyer (1722) ist bemerkenswert:

„Die 1 Hauptregel.
Bey der Teutschen Orthographie ist vor allen Dingen auf die *Pronuntiation* als die eigentliche Regel und Richtschnur zu sehen, und von derselben ohne gu^{e}ltige Ursach niemals abzuweichen.“
„Die 2 Hauptregel.
Doch wenn die *Pronuntiation* eine gewisse Regel der Orthographie seyn soll: so muß zum ersten dabey auch auf die *Derivation* gesehen, und ohne gu^{e}ltige Ursach davon nicht abgegangen werden.“
„Die 3 Hauptregel.
Wenn ferner die *Pronuntiation* eine besta^{e}ndige Regel der Orthographie seyn soll: so muß zum andern auch dabey auf die *Analogie* gesehen, und ohne gu^{e}ltige Ursach davon nicht abgegangen werden.“
„Die 4 Hauptregel.
Wenn endlich die *Pronuntiation* auch eine sichere Regel der Orthographie seyn soll: so muß zum dritten auch dabey auf den *vsum scribendi* gesehen, und ohne gu^{e}ltige Ursach davon nicht abgegangen werden.“ (Freyer 1722/1978, Zusammenfassung der S. 2-7)

Hieronymi Freyers,
Paed. Reg. Hal. Insp.
Anweisung
zur
Teutschen
Orthographie.
Vierte Auflage.

HALLE,
Verlegt im Wäysenhause, 1746.

Abbildung 20: Titelblatt der „Anweisung zur Teutschen Orthographie“ von Hieronymus Freyer (1722, hier in der 4. Ausgabe von 1746)

Johann Chr. Adelung (1782) führt 60 Jahre später zu den „wesentlichen positiven Gesetzen der Deutschen Orthographie“ aus:

> „Dieser sind nur drey, welche so lauten: schreib wie du sprichst, 1. der allgemeinen Besten Hochdeutschen Aussprache gemäß, und wo diese nicht entscheidend ist, 2. in gebogenen und abgeleiteten Wörtern nach der nächsten Abstammung, 3. in Stammwörtern aber nach dem allgemeinen Gebrauche.“ (Adelung 1782/1978, S. 40)

Im amtlichen Regelwerk aus dem Jahre 1902, das bis zur Einführung der neuen Rechtschreibung 1996/1998 Gültigkeit besaß, finden sich erstaunliche Parallelen zu den oben zitierten Prinzipien von Freyer:

> „**Erste Hauptregel:**
> Bezeichne jeden Laut, den man bei richtiger und deutlicher Aussprache hört, durch das ihm zukommende Zeichen, …
> **Zweite Hauptregel:**
> Wo derselbe Laut auf verschiedene Weise dargestellt werden kann, richte dich nach der Abstammung des Wortes, …“ (Duden 1902, S. 5)

Nach den beiden Hauptregeln folgen in diesem Werk besondere Regeln zur Verschriftung verschiedener Vokale, Konsonanten, zur Großschreibung und Silbentrennung usw. Alles auf nur 17 Seiten bzw. in 26 Paragraphen!

Aus Prinzipien werden Regeln

Vor allem im 20sten Jahrhundert gab es eine ganze Reihe verschiedener **Prinzipien-Zusammenstellungen**, bei denen stets der beschreibende Charakter deutlich zu erkennen war. Allerdings zog eine solche Vielfalt von unterschiedlichen, sich teilweise in der Sache oder in den Begriffen überschneidenden Prinzipien-Entwürfen den von Wolfgang Menzel (1985) formulierten Vorwurf des „Prinzipien-Wirrwarrs“ auf sich.

Die Erforschung der Prinzipien der deutschen Orthographie hat seitdem deutlich an Schwung verloren, auch weil es angesichts der parallel zu den Prinzipien verbreiteten Rechtschreibregeln nicht mehr

„nötig erscheint", diese weiter zu untersuchen. Da nun heute auch die Regeln aus vielen Rechtschreibwörterbüchern ganz oder zum größten Teil verschwunden sind, könnte und müsste man die Lage wieder neu beurteilen.

Zusammenfassend kann festgehalten werden, dass an vielen Formulierungen noch sehr gut die Herkunft der **Regeln aus den Prinzipien der Orthographie** erkennbar ist.

Deskriptive (beschreibende) und präskriptive (vorschreibende) Regeln

Im Laufe der Zeit wandeln sich die **beschreibenden Prinzipien** stillschweigend **in vorschreibende Regeln**, also in Vorschriften. Der Weg führt vom Deskriptiven zum Präskriptiven: *Bei Regen trägt man einen Schirm.* Das kann von dem, der es formuliert, als Beschreibung seiner Beobachtungen gemeint sein, kann oder muss aber, wenn eine Befolgung verlangt wird, als Vorschrift interpretiert werden: *Bei Regen trägt man einen Schirm!*

Die Prinzipien und Regeln der Orthographie, wie sie seit Jahrhunderten bis heute aufgestellt werden, haben keine andere Bedeutung als grammatische Regeln über Formenbildung und Satzbau für das konkrete Sprechen. Wer überlegt schon beim Sprechen, welches Wort, nach welcher Regel, an welche Stelle im Satz gesetzt wird? Oder ein anderes Beispiel: Wer denkt beim Gehen darüber nach, welche Muskeln zu betätigen sind, um ein Bein hochzuheben und es weiter vorne wieder abzusetzen? Dass Tätigkeiten wie das Radfahren, Schwimmen, Reden und Rechtschreiben **nicht bewusst** als Befolgung von Regeln durchzuführen sind, kann man schon an der Geschwindigkeit erkennen: der **Radfahrer würde umfallen**, **der Schwimmer untergehen** und Gespräche oder **Texte kämen kaum zustande**. Christa Röber (2009) verweist auf Wygotskis Begriff des „alltäglichen Lernens" mit der Betonung des unbewussten Handelns (was auch für das Rechtschreiben gilt):

> „Es (das alltägliche Lernen, Anmerkung G. Th.) befähigt die Kinder, Handlungen durchzuführen – eben auch zu sprechen. Werden sie danach gefragt, *wie* sie die Handlungen vorgenommen haben, *weshalb* sie beispielsweise einen Satz in einer bestimmten Weise gebildet haben, bleiben sie die Antwort schuldig oder reagieren mit kreativen, für sie plausiblen Erklärungen ..." (Röber 2009, S. 21)

Fragen an immer noch „ungläubige" Leserinnen und Leser

Mit welchem Anfangsbuchstaben schreiben Sie das Wort *Vater*?

Wahrscheinlich mit V.

Nennen Sie nun die Regel, warum man dieses Wort mit *V* und nicht mit *F* schreibt: ________________________________

Nicht so einfach, oder?

Warum schreibt man *sehen* mit *h* und *säen* ohne *h*? Nennen Sie die passenden Regeln: ________________________________

Nennen Sie die Schreibregeln für das lange iiii (/iː/):

- *die* mit *ie:* ________________________________
- *wir* mit *i:* ________________________________
- *ihr* mit *ih:* ________________________________
- *ziehen* mit *ieh:* ________________________________

Ein weiterer Beleg für die **relative Untauglichkeit von Regeln** sind die Rechtschreibwörterbücher selbst. Würden nämlich die Regeln als Vorschriften für das Schreiben wirklich funktionieren, dann müsste man fragen, wozu eigentlich „die lange Wörterliste" abgedruckt werden muss, aus der nun einmal jedes Rechtschreibwörterbuch im Kern besteht und in welches jeder, der Fragen zur Schreibweise hat, zuerst – oder eigentlich nur – hineinsieht. In der 25. Duden-Auflage (2009) stehen den rund 160 Seiten Regelwerk über 1.000 Seiten des Wörterverzeichnisses gegenüber.

Innere Regelbildung

Cordula Löffler (2003) analysiert die Begründungen individueller Schreibweisen für diverse Pseudowörter, die sie während einer Lehrerfortbildung schreiben ließ, und kommt zu dem Schluss: „dass zur regelgerechten Schreibung der Pseudowörter implizites Wissen ausreicht" (S. 151). Sie führt aus: „Die Lehrerinnen schrieben die Pseudowörter zumeist regelgerecht, konnten die zugrunde liegenden Regeln jedoch kaum benennen" (Löffler 2003, S. 150).

Hier muss man natürlich unterscheiden zwischen Lernern und Deutschlehrern und -lehrerinnen, die sich eingehend mit orthographischen und grammatischen Regeln und Gesetzmäßigkeiten beschäftigen sollten, wie Cordula Löffler betont:

> „Auch wenn explizites Wissen von Rechtschreibregeln für das korrekte Schreiben nicht zwingend notwendig zu sein scheint, ist es m. E. für Lehrerinnen unabdingbar, Rechtschreibregeln zu kennen, z. B. um Fehlschreibungen und Hyperkorrekturen von Kindern richtig einordnen zu können. Doch es stellt sich die Frage, wie Lehrerinnen zu diesem Wissen kommen sollen. Wenn es nicht schon an der Hochschule gelehrt wird, ist es sehr schwierig, sich dieses Wissen ohne die entsprechende Anleitung anzueignen." (Löffler 2003, S. 159)

Wolfgang Eichler hat die treffende Bezeichnung **innere Regeln** oder **innere Regelbildung** schon 1976 eingeführt. Er versteht unter diesen Regeln und einem regelgeleiteten Verhalten:

a) Vermutungen über die Geregeltheit der Rechtschreibung,
b) das Handeln nach regelhaften Prinzipien und Hypothesen,
c) eigene Generalisierungen und Privatregeln,
d) die psychische Repräsentation vermittelter orthographischer Regeln (Eichler 1985, S. 245; gekürzte Zusfg. G. Th.).

Fehl- und Richtigschreibungen sind immer äußere Anzeichen einer inneren Regelbildung. Eine fehlerhafte Schreibung verweist auf einen spezifischen Könnensstand, der auf einer jeweils gegebenen **mentalen Struktur im Gehirn** beruht, denn – und das wird leider oft übersehen – Wissen und Können gehen auf neurophysiologische Strukturen zurück. Diese Strukturen sind normalerweise recht gut organisiert, und es ist prinzipiell auch sinnvoll, dass sie sich nicht allzu schnell ändern. Schließlich ist unser Gehirn, wie alle anderen Organe, ein seit Jahrmillionen erprobtes und bewährtes System und bisher auch einigermaßen erfolgreich.

Linguistische und psycholinguistische Regeln: Gegenstands- und Lernerperspektive

Zur Unterscheidung von **linguistischen und psychologischen Regeln** fasst Eva Neuland (1990) zusammen:

> „Allgemein muß kritisch angemerkt werden, daß der linguistische Regelbegriff keine angemessene Beschreibungskategorie für das sprachliche Wissen des Schreibers als einer mentalen Größe darstellt. (…) Psycholinguistische Befunde, aber auch grundlegende methodologische Probleme **warnen vor vereinfachenden Korrespondenzannahmen zwischen linguistischen Konstrukten und mentalen Prozessen ...“** (Neuland 1990, S. 337; Hervorh. G. Th.)

Ilona Löffler, Ursula Meyer-Schepers & Thomas Lischeid (2007) benennen als Resultat des gegenwärtigen Rechtschreibunterrichts, dass Schüler mit Rechtschreibproblemen „von der Vielzahl der Regeln, mit denen sie konfrontiert worden sind, `erschlagen´ werden und mit mehr oder weniger hilflosen Buchstabenarrangements reagieren“ (Löffler, Meyer-Schepers & Lischeid 2007, S. 274). Das Zitat von Egon Weigl (1974) offenbart ebenfalls eine eher skeptische Haltung in Bezug auf eine **bewusste** Regelkenntnis:

> „Das Zustandekommen unserer Leistungen auf dem Gebiet des Lesens und Schreibens ist ebenso wie das der Performanzen bei lautsprachlichem Verstehen und Produzieren in linguistischer Hinsicht von der Existenz bestimmter Regeln abhängig, deren `Kenntnis´ nur in sehr geringem Ausmaß bewußten Charakter trägt.“ (Weigl 1974, S. 102)

Beruhigt es Sie, wenn ich Ihnen versichere, dass auch Sie **normalerweise beim Schreiben ohne explizite, bewusst formulierte Rechtschreibregeln auskommen**? Genauso wie Sie sprechen, laufen oder schwimmen, ohne die exakten Denk- oder Bewegungsabläufe benennen zu können, sollten Sie „in der Regel“ korrekt schreiben können.

Noch ein letztes Beispiel

Bitte versuchen Sie zu erklären, warum Sie die Endung *-en* wählen:

- *mit einem schönen, neuen Ball* und nicht
- *mit einem schönem, neuem Ball.*

Das können Sie nicht? Eben! Sie schreiben in der Regel regelhaft, ohne alle Regeln explizit zu kennen.

Warum ist das hier Ausgeführte so **wichtig** für die universitäre und schulische Aus- und Fortbildung? Weil explizite Regelkenntnisse – wie eben gezeigt – nicht zum Rechtschreibkönnen führen. Wir sprechen, laufen und schreiben normalerweise ohne bewusste Regeln. Der Irrtum „Rechtschreiben heißt Regeln kennen und anwenden" lässt sich jedoch überall finden, z. B. in den aktuellen Beschlüssen über die Bildungsstandards der Kultusministerkonferenz (KMK). Zur **Subdomäne (!) Rechtschreibung** heißt es beispielsweise:

„richtig schreiben
1 Grundregeln der Rechtschreibung und Zeichensetzung kennen und anwenden" (KMK 2005, S. 11).

KOMISCH!

Dass man mich hier nicht missversteht: Ich rede nicht einer Didaktik das Wort, die in den ersten Schuljahren Kinder ausschließlich nach der eigenen Lautung und Schriftauffassung schreiben lässt, ohne zumindest auf die korrekte Schreibung hinzuweisen (wenn es so etwas überhaupt gibt).

Aber zwischen einem „Jeder-schreibt-wie-er-will" und dem Auswendiglernen von Rechtschreibregeln von der oben vorgeführten Art gibt es noch so manchen didaktisch gangbaren Weg wie etwa korrekt geschriebene Wörter als Beispiele und Muster im Unterricht vorzugeben und über das richtige (orthographische) Schreiben zu sprechen, ohne dass sofort auf jeden Anfängerfehler drastisch reagiert werden muss.

Zeichnung: A. Niemann

Hier sieht man klar wie selten nur in
laienhaft vermittelte Regelstruktur.
(frei nach Wilhelm Busch)

6. Irrtum Rechtschreiben lernt man durch Diktate

Bisher Dachtemann meint:

Herr Weißmann sagt erstens:

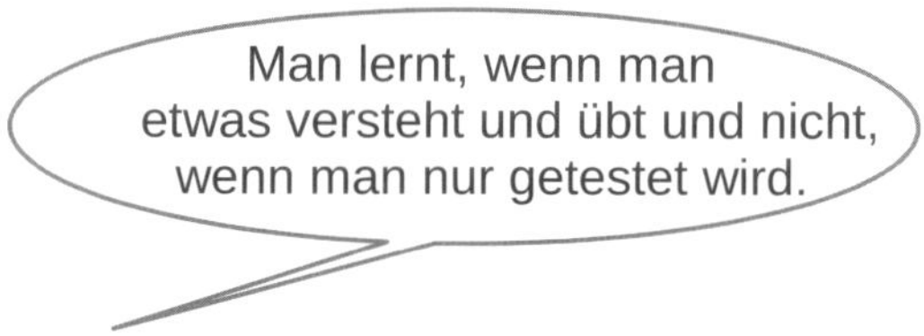

Herr Weißmann sagt zweitens:

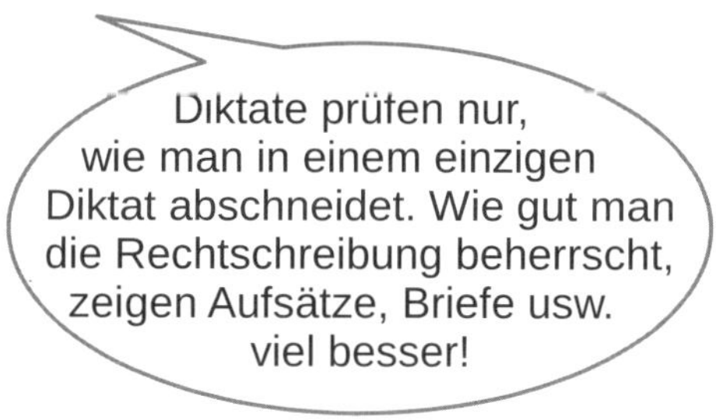

Viele Argumente gegen Diktate – Zum *Scharden von *Dicktarden – Ungerecht und ungenau – Kein orthographischer Leckerbissen: die Radieschencreme

Viele Argumente gegen Diktate

Herr Weißmann könnte viele Argumente anführen, denn lernpsychologische, sprachlich-kommunikative, didaktische, pädagogische und sprachwissenschaftlich-statistische Argumente gegen Diktate gibt es berechtigterweise zuhauf (vgl. Fix 1994).

Interessant ist, dass nur noch in einigen wenigen Bundesländern Diktate vorgeschrieben sind (vgl. Bartnitzky 2000; Brinkmann 2004). Immer häufiger werden stattdessen alternative Formen ausprobiert.

Wenn Schülerinnen und Schüler ab und zu ein Diktat schreiben, ist das erstens von der **Textmenge** her verschwindend gering und damit nicht besonders schreibförderlich. Zweitens beinhalten Diktate eine **Auswahl bestimmter Schwierigkeiten.** Sie bestehen üblicherweise aus einer Ansammlung orthographischer Stolpersteine, deren positive Lerneffekte nicht weit über Null liegen, sogar eher im negativen Bereich anzusiedeln sind, weil die verzerrten orthographischen Schwerpunkte einigermaßen sinnvolle Rechtschreibmuster in den Köpfen der Schüler **durcheinanderbringen**.

Heinz Risel (2011a) fügt einen weiteren Vorbehalt gegen Diktate an:

> „Die stillschweigende Vereinbarung unter Lehrenden, pro Wort nur einen Fehler zu zählen, verschleiert die wahren Rechtschreibfähigkeiten und setzt elementare lautbezogene Fehler (**Planze*) mit solchen höherer Kompetenzstufen gleich ..." (Risel 2011a, S. 160).

Damit spricht er die Notwendigkeit an, über das reine Fehlerzählen hinwegzukommen, da sonst wichtige **förderdiagnostische Möglichkeiten** vergeben werden.

Schon mit dem Wort *Diktat*
fängt der Stress
für viele Schüler an:
*Dicktat?
*Diktard?
Diktat?
*Diktart?

Zum *Scharden von *Dicktarden

Diktate verbreiten bei denen, die Rechtschreibprobleme haben, puren **Stress**. In der Regel werden sie als reine Strafarbeit empfunden (siehe Abbildung 21). Nur die Schüler, die in der Rechtschreibung keine Probleme haben und eine sehr gute Note erwarten, mögen Diktate.

Beispiel

Ein Viertklässler erzählt: „Wenn wir Diktate schreiben, sehe ich immer eine ganz große, rote **F Ü N F** in meinen Gedanken. Ich kann mich dann gar nicht mehr konzentrieren."

Abb. 21: Mädchen mit Strafarbeit (Bildkarte von Picksee, um 1900)

Diktateschreiben kann sich in der Selbsteinschätzung der langsamer lernenden Schreiber und Schreiberinnen verheerend auswirken. Allgemeiner und spezieller Motivationsverlust, Außenseitertum, sinkendes Selbstwertgefühl, Traurigkeit, Aggressivität, Schulunlust und -schwänzen können die Folgen sein. Ein Kind, das trotz eintönigen Übens und stumpfsinnigen Paukens immer wieder erfahren muss, dass sich seine Anstrengungen nicht lohnen, dass es „schlechter ist als die meisten aus der Klasse", kann **keine positive Einstellung zum Schreiben** entwickeln. Es wird natürlich (!) ausweichen und vor jeder weiteren Schreibanforderung flüchten. Das hat wiederum fatale Folgen, denn wer nicht schreibt, kann sich auch nicht verbessern. Und das sollen Diktate bewirken? Leider ja!

Neulich sagte eine Lehrerin zu mir: „Die Rechtschreibung meiner Schüler ist so schlecht, da muss ich ihnen jetzt erst einmal jeden Tag ein langes Diktat geben." Eine bittere, meist unnütze Medizin. Diese Einstellung ist häufig zu hören. Dahinter steht keinerlei böse Absicht, nur eine schlechte **Lehrerausbildung**. Wer im Studium wenig (in der Regel **in einem einzigen Seminar**) über Rechtschreibdidaktik und -methodik erfahren hat, der wird eher auf die „Hilfe" von geübten oder ungeübten Diktaten bauen und auf sie zurückgreifen als besser ausgebildete Studenten.

Das Ergebnis geübter Diktate ist für manche Schüler verheerend. Sie können durch Stress, falsches Pauken mit Eltern, Großeltern oder unprofessioneller Nachhilfe („*Wir haben Frau X, die kann das alles!*") sogar noch **zusätzliche Probleme** entwickeln.

> „Die **Rechtschreibkompetenz** eines Schülers können Diktate **nicht differenziert darstellen**"
>
> **Martin Fix** ist für eine Vielfalt von Prüfungsmethoden.

Abb. 22: Zitat von Martin Fix (in: Scheufler 2011, S. 37)

Und das alles geschieht in „guter“ Absicht, weil angenommen wird, Diktate seien lernförderlich, gerecht und objektiv. Relativ schnell auszuwerten sind sie ja. Kinder, die eigentlich über eine leidliche Rechtschreibkompetenz verfügen und die einen sprachlich unauffälligen Text einigermaßen fehlerfrei produzieren, aber nicht einer **Anhäufung orthographischer Absurditäten** (s. das Kästchen auf der nächsten Seite) gewachsen sind, bekommen über Diktate sehr schnell **vermittelt, sie könnten überhaupt nicht schreiben**.

Wenn Sie nun wissen wollen, **warum** es keine besseren Diktate gibt, dann sind wir wieder bei einem anderen Irrtum gelandet. „Jeder, der schreiben kann, kann auch Diktate erstellen“, wäre dieser Irrtum. Wenn es ums Rechtschreiben geht, kann ja jeder alles: *Das hat Frau X noch schnell entworfen*. Fachleute gibt es zu wenige, die auf den Sub-Standard hinweisen oder etwas Besseres erstellen können, sprachdidaktische Forschungs- und Bewertungsvorhaben werden abgelehnt, weil es dafür keine Fachgutachter mehr gibt … der ganze problematische Kreislauf! Aber die Rechtschreibleistungen der Schüler sollen immer besser werden, nur – komisch – warum klappt das nicht so ganz?

Stolperwörter aus zwei geübten Diktaten für Viertklässler

1. Diktat:	*entdecken, endlich, lachend*	schwer:	ent-, end-, -end
			ent- und -decken
2. Diktat:	*wäscht, weckt, weg*	schwer:	ä oder e
			scht oder st
			ck (oder k)
			oder g

Reaktionen nach vielen, vielen Übungsstunden und Tagen:
1. Diktat: *entdlich, *lachent, *endtecken
2. Diktat: *wäst, *wäkt, *wegt, *weck (* zeigt Fehlschreibung an)

Reaktion => Konfusion

Ungerecht und ungenau

Peter Birkel (2009) ließ 415 Lehrkräfte drei Diktate bewerten, um die Objektivität der Benotung zu überprüfen. Das Ergebnis zeigt deutlich die **Subjektivität** der Beurteilungen in Hinsicht auf die identifizierten Fehler und die Notenvergabe. Birkel fasst zusammen:

> „Dass die Beurteilung von Aufsätzen eine schwierige Aufgabe für die Lehrer darstellt, wird heute allseits anerkannt. Dass aber auch Diktate und Mathematikarbeiten vergleichbaren Problemen unterliegen, scheint die Lehrerschaft und die Öffentlichkeit eher zu verblüffen. Die Objektivität der Leistungsbeurteilung ist und bleibt ein unerfüllbarer Wunsch, auch bei Klassenarbeiten, denen man ein höheres Maß an Objektivität zugetraut hätte. (…) Die Ergebnisse dieser Untersuchung könnten ein weiteres Argument gegen die weitreichende Anwendung von Diktaten geliefert haben oder eben für die Erstellung gewisser Regeln, die bei der Fehlerwertung zu beachten sind.“ (Birkel 2009, S. 30)

Einen bemerkenswerten Widerspruch zwischen offizieller und inoffizieller Didaktik vermuten auch Wolfgang Steinig u. a. (2009):

> „Mit Kriterien, die sich schlecht messen lassen, etwa der Mitarbeit im Unterricht, dem Leseverstehen oder stilistischen Fähigkeiten im Aufsatz, fällt es schwer, Eltern gegenüber zu begründen, warum ein Kind nicht für ein Gymnasium geeignet ist. Kann ein Lehrer als Begründung für eine Hauptschulüberweisung dagegen auf eine hohe Fehlerzahl im Aufsatz oder im Diktat verweisen, lässt sich seine Entscheidung durch ein vermeintlich \`objektives´ Kriterium begründen, das weniger anfechtbar ist. Unter dieser Perspektive bekommt die Rechtschreibung einen hohen Stellenwert als \`hartes´ Selektionskriterium, obwohl ihre Bedeutung im heutigen Deutschunterricht zurückgegangen ist.“ (Steinig u. a. 2009, S. 384)

Kein orthographischer Leckerbissen: die Radieschencreme

Mir sind keine wissenschaftlichen Arbeiten bekannt, in denen untersucht wird, welche (und ob) Diktate die Verteilung der Anforderungen und Schwierigkeiten in der deutschen Orthographie in einem **sprachstatistisch validen** (gültigen) **Verhältnis** abbilden.

Unprofessionelle Diktate sind diejenigen 95-98 Prozent, die ungeachtet von statistisch-schriftsprachlichen Häufigkeiten und damit fern von fachdidaktischen Standards erstellt werden (in der Psychologie verwendet man den Begriff „**Augenscheinvalidität**"). Gibt es eigentlich auch **Augenschein-Standards**? – Sie merken, liebe Leser, hier kann man zornig werden, wenn man an die Millionen unnötiger Übungsstunden und die vielen Tränen der Kinder denkt.

Die meisten Diktate sind (im besten Fall) mit etwas Aufwand, über den Daumen gepeilte, ausgedachte Texte mit möglichst vielen orthographischen Fallen und Fangeisen und nur einem sehr marginalen **Grundwortschatzbezug**.

Carl Ludwig Naumann (2008, S. 148) spricht von „fehlerfallengespickte(n)" Diktaten und Karl-Ludwig Herné gebraucht in Bezug auf Tests den treffenden Ausdruck „orthographische `Exoten´" (Herné 2006, S. 887; s. a. Mann 2010; über die Leistungen und Grenzen von Rechtschreibtests: Jansen 2008). Ein Blick auf die Abbildung 23 lässt vielleicht auch bei Ihnen berechtigte Zweifel an der Relevanz der Wörter „Croissant" und „Radieschencreme" für Viertklässler aufkeimen.

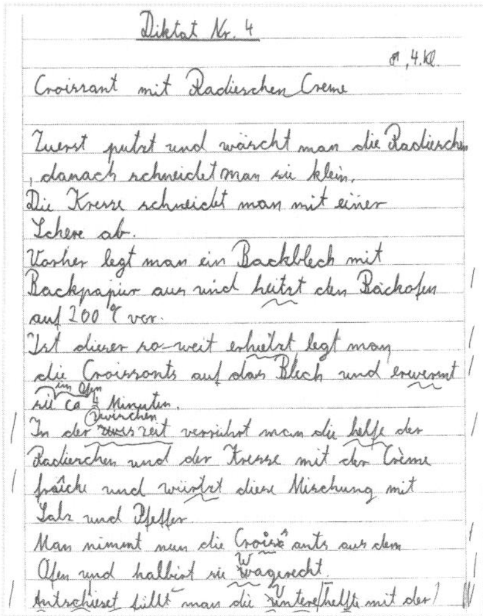
Diktat Nr. 4
4. Kl.
Croissant mit Radieschen Creme
Zuerst putzt und wäscht man die Radieschen, danach schneidet man sie klein.
Die Kresse schneidet man mit einer Schere ab.
Vorher legt man ein Backblech mit Backpapier aus und heitzt den Backofen auf 200 °C vor.
Ist dieser so weit erheitzt legt man die Croissonts auf das Blech und erwermt sie im Ofen ca 4 Minuten.
In der Zwischenzeit verrührt man die helfe der Radieschen und der Kresse mit der Crème fraîche und würtzt diese Mischung mit Salz und Pfeffer.
Man nimmt nun die Croissants aus dem Ofen und halbiert sie wagerecht.
Antschiesst füllt man die Unterhelfte mit der

Abb. 23: Grundwortschatz? Wie sinnvoll sind Diktate, die Wörter wie „Croissant" und „Radieschencreme" für vierte Klassen enthalten?

Ina Karg (2008, s. a. Fay 2010) kommt nach ihrer Vergleichsuntersuchung von Fehlern aus Diktaten oder Aufsätzen zu dem Ergebnis, dass die Fehlertypen nach **Rechtschreibbereichen** „unterschiedlich vertreten [sind], jedoch lässt sich kein Muster der Fehlschreibungen in Diktaten einerseits und Aufsätzen andererseits erkennen, außer einer gewissen Tendenz, dass gerade der Bereich, der im Fokus steht, besonders häufig falsch gemacht wird“ (Karg 2008, S. 81).

Zum Abschluss des Kapitels soll Comenius (1657) zu Wort kommen:

> **„Eine Quälerei war es also für die Jugend, ... sich von Diktaten, Übungen, Auswendiglernen bis zum Überdruß, ja bis zur Geistesverwirrung erdrücken zu lassen, wie ich es oft erlebt habe …“** (Comenius (1657 / 1992, S. 103).

Klingt doch ziemlich aktuell, oder?

7. Irrtum **Je früher, desto besser**

Herr Dachtemann meint:

Herr Weißmann sagt:

Wieder Comenius – Charles Read und die Schreibversuche kleiner Kinder – Individuelle Entwicklungen in überindividuellen Lernverläufen

Wieder Comenius:

> Der Vogel wirft seine Eier nicht etwa ins Feuer,
> damit die Jungen schneller ausschlüpfen,
> sondern brütet sie ganz langsam mit
> der natürlichen Wärme aus.
> Comenius (1657/1992, S. 102)

Charles Read und die Schreibversuche kleiner Kinder

Der amerikanische Psychologe Charles Read hat in den 70er-Jahren des letzten Jahrhunderts Schreibversuche von 3- und 4-Jährigen untersucht und dabei eine Reihe interessanter Erkenntnisse gewonnen. Read (1974, S. 180 ff., 1985) berichtet von Kinderschreibungen wie:

Beispiele für das Englische		
DA	für	day
LADE	für	lady
FEL	für	feel
AODOV	für	out of
GRL	für	girl
BRD	für	bird

Die Schreibungen zeigen, dass Kinder, die noch keinerlei schulischen Schreib- oder Leseunterricht erhalten hatten, einerseits beachtliche Fähigkeiten bei der Lautanalyse von Wörtern ihrer Muttersprache aufweisen, andererseits schon grundlegende Schriftzeichen kennen, allerdings mit Buchstabennamen operieren.

Wolfgang Eichler, Sprachwissenschaftler und -didaktiker untersuchte ebenfalls schon 1976 die Spontanschreibungen deutschsprachiger Kinder und erkannte ihre aktive Auseinandersetzung mit der Schrift. Er prägte 1983 den eingängigen Begriff von den „**kreativen Schreibirrtümern**“.

Mathematik für Säuglinge? Führerschein mit 12 Jahren? Schreiben für Krabbelkinder? Beschriftete Schnuller?

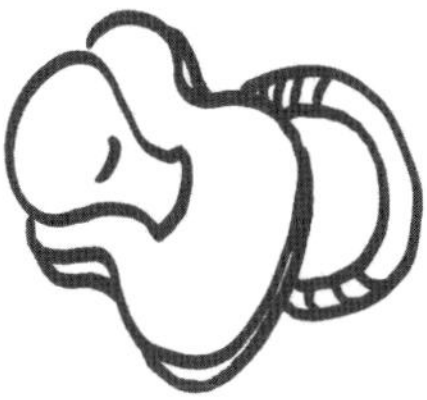

Eichler (1976, 1992) und Uta Frith (1980) waren die Ersten, die **entwicklungsorientierte Phasenmodelle** erarbeitet haben. Weitere namhafte Forscherinnen und Forscher wie Mechthild Dehn (1983, 2007), Gerheid Scheerer-Neumann (1987), Gudrun Spitta (1988), Renate Valtin (1988), Joachim Riehme & Marianne Heidrich (1970), Hans-H. Plickat (1974, 1979), Heiko Balhorn (1989), Hans Brügelmann & Erika Brinkmann (1994), Wolfgang Menzel (1985) u. a. haben Kinderschreibungen untersucht und sind zu wichtigen Ergebnissen über entwicklungsbedingte Phasen im Schriftspracherwerb gekommen (für andere Muttersprachen und Deutsch als Zweitsprache s. Berkemeier 2006, 2012; Bredel 2007a, 2007b; Ehlich 2007; Mehlem & Sahel 2010; Becker 2013; Rösch 2011; Ahrenholz & Knapp 2012; Grießhaber & Kalkavan 2012; Becker & Siekmann 2012; Jeuk 2012; Kalkavan 2012).

Wir wissen inzwischen, dass **die orthographischen Entwicklungsphasen individuell und bereichsspezifisch sehr unterschiedlich** in Sprüngen, Umwegen und Schleifen beschritten werden können (vgl. Eichler 1983, 2011; Karmiloff-Smith 1999; Scheele 2006; Becker 2008, 2013). Das Wissen um idealtypische Erwerbsetappen bietet wichtige didaktische und diagnostische Hilfen:

> „Gleich zu Anfang sei das didaktische Risiko von Erwerbsmodellen genannt: **Missverstanden als `naturwüchsige Entwicklung´**, können sie dazu verführen, ein **zu offenes** oder gar **kein Angebot** zu machen. (…) Erwerbsmodelle sind hilfreich, wenn sie Etappen festhalten, um einem `Abhängen´ von Schülern mit Rechtschreibschwierigkeiten entgegenzuwirken, die **Zone der nächsten Entwicklung** (ein Begriff von Wygotski, Anm. und Hervorhebungen G. Th.) zu suchen sowie Lehrern und Schülern Strukturen der Rechtschreibung und deren Zwecke zu verdeutlichen.“ (Naumann 2006, S. 47)

Frühe und falsche Infos von überall:
„Den i-Laut schreibt man mit i.“

1 = Eltern
2 = Kindergarten
3 = Fernsehen
4 = Computer
5 = Hefte

Gut gemeint ist
nicht immer gut!

Zahlreiche Untersuchungen aus den letzten 30 Jahren über die Entwicklung des Erwerbsprozesses haben gezeigt, dass sich beim Erlernen alphabetischer Schriften bestimmte **überindividuelle Entwicklungsschritte** feststellen lassen. Für erste – in der Regel noch vorschulische – Schreibversuche ist eine rudimentäre Verschriftung von Wortbestandteilen, oft nur einzelner Laute, durch „ungefähr passende“ Schriftzeichen charakteristisch. Man spricht hier von annähernd lautgetreuen Schreibungen oder auch von **Skelettschreibungen**. Meist erst nach Schuleintritt ist eine deutliche Tendenz zu lautgetreuen Schreibungen zu erkennen.

Die bekanntesten Phasenmodelle beziehen sich fast ausschließlich auf den Bereich der Wortschreibungen, also die **Phonem-Graphem-Verhältnisse**. Die Abbildung 24 fasst die gängigen Modelle zusammen. Eine Einteilung in Phasen und Stufen ist sinnvoll, da Unterrichtende eine entwicklungsbezogene Richtschnur benötigen, um besser einzuschätzen, was Lerner können sollten und was noch nicht.

Einteilung in drei Hauptphasen

O Orthographische Phase

A Alphabetische Phase

P Protoalphabetisch-phonetische Phase

Abb. 24: Der Aufbau der drei orthographischen Erwerbsphasen

Das Nacheinander der Phasen darf nicht so verstanden werden, dass sie sich untereinander ablösen. Vielmehr bauen sie im Sinne einer „**hierarchischen Parallelität**" (Wolfgang Eichler) aufeinander auf. Das bedeutet, ohne eine gewisse Sicherheit in der Lautanalyse und Lautgliederung wird dem Lerner eine einfache Wort- oder Satzschreibung kaum gelingen. Und ohne eine Kenntnis der grundlegenden Verschriftungen für die einzelnen Laute, ist eine richtige Schreibung bei der großen Zahl unserer Wörter nicht möglich, denn man kann sich nicht jedes einzelne Wort merken. Beobachten Sie einmal, dass Sie schwierige Wörter ganz anders angehen als einfache, denn Sie müssen dafür ein ganzes Stück auf der Hierarchie der Strategien „hinabklettern".

Die Entwicklung der Schreibfähigkeit kann sich im Laufe der Zeit für die Wörter IMMER, MANN, WASSER und BALL folgendermaßen äußern:

IMMER	MANN	⇧	WASSER	BALL
IMER	MAN		WASER	BAL
IMA	MA		WASA	B
IM	M		WS	

Jede Lehrkraft kennt die enormen Leistungsunterschiede in einer durchschnittlichen Schulklasse. Das Lebensalter von Schülern innerhalb einer Klasse streut von vornherein um mindestens ein Jahr. Dazu kommt, dass die geistige Entwicklung individuell unterschiedlich schnell verläuft, sodass wir von einer Spanne des Entwicklungsalters (wir sprechen vom geistigen Entwicklungsalter) ausgehen müssen, die bis zu drei Jahre betragen kann.

Das bedeutet, dass sich Schüler innerhalb einer Klasse, aber auch ein einzelner Lerner, auf unterschiedlichen Stufen der Entwicklung oder des Erwerbs befinden können bzw. in der Realität befinden müssen. Darüber hinaus ist in der Bewältigung der orthographischen Bereiche eine breite Variation feststellbar. Weitere Forschungen hierzu wären sehr hilfreich und dringend erforderlich.

Idealtypische Schreibungen während des Entwicklungsverlaufes werden nun in der folgenden Abbildung 25 mit den Verschriftungen der Beispielwörter *Wasser* und *Bäume* verdeutlicht.

	Beispielwörter *Wasser, Bäume*	
P Protoalphabetisch-phonetische Phase		
P1 rudimentäre Verschriftungen	WS	B
P2 beginnend lautorientierte Schreibungen		
P3 phonetisch orientierte Schreibungen	WASA	BOIME
A Alphabetische Phase		
A1 phonetisch-phonologische Schreibungen	WASER	
A2 phonologisch orientierte Schreibungen	BEUME	
O Orthographische Phase		
O1 semi-arbiträre Übergeneralisierungen	WASSER	
O2 silbisch oder morphologisch orientierte Übergeneralisierungen	BÄUME	
O3 korrekte Schreibungen mit einigen Unter- und Übergeneralisierungen		

Abb. 25: Entwicklungsphasen im Schrifterwerb (vgl. Thomé 2006)

In den 70er-Jahren gab es im Zuge des programmierten Unterrichts eine starke Bestrebung, Kleinkindern möglichst früh einzelne Fertig- und Fähigkeiten antrainieren zu wollen. Der Trend fand sein jähes Ende, als man feststellte, wie ineffizient und aufwändig dieses Vorhaben in der Regel war: dass man beispielsweise nach Wochen und Monaten zähen Ringens Kleinkindern das Treppensteigen beibringen konnte, untrainierte Kleinkinder dieses zwar etwas später erlernten, aber innerhalb kurzer Zeit und ganz alleine.

Was bedeutet das für unser Thema? Sicher ist eine frühkindliche Förderung möglich und u. U. äußerst sinnvoll, wichtiger ist jedoch immer das frühe Kindsein! Dazu gehören auch drei Grundlagen! Das Sprechen, das Sprechen und? Genau, das Sprechen.

Bevor die Kinder keine altersadäquate Sprache entwickelt haben, ist an keine schriftsprachliche Förderung zu denken. Die Freude am Sprechen und Singen ist für alle Kinder das beste und solideste Fundament. Dieses Fundament muss stabil sein bzw. stabilisiert werden.

Kein Kind kann auf einem wackeligen sprachlichen Fundament gute schriftsprachliche Leistungen aufbauen. Hier zeigt sich erneut der Sinn von Entwicklungsmodellen. Wenn ein gewisses sprachliches Niveau vorliegt, können spielerische (aber unbedingt professionelle!) Lautübungen und Lautgliederungen angegangen werden, vorsichtig und immer unter der Prämisse, den Kindern zu Erfolgen zu verhelfen, ihre Lernfreude zu erhalten und ihnen ihre **Fortschritte sichtbar** zu machen. Keine schriftsprachlichen Übungen und Förderungen sind hier oft besser als falsches Üben und Verwirren (siehe Abbildung 26).

*Abb. 26: Früh und falsch mit Tiger-i, lernt man *viles aber *ni. Salami und Tiger für die Vorschule: Ausnahmen vor Häufigem (in: Holzwarth-Raether & Müller-Wolfangel 2006, S. 19)*

8. Irrtum Jeder, der rechtschreiben kann, kann es auch unterrichten

Bisher Dachtemann denkt:

Dagegen Weißmann sagt:

Was Logopädinnen lernen, nicht aber LehrerInnen: die korrekte Lautgliederung (Standardlautung) - Resultate unprofessionellen Unterrichts: Kinder verlernen die wichtige Vokaldifferenzierung – Schwachstellen in der fachdidaktischen Lehrerausbildung

Was Logopädinnen lernen, nicht aber LehrerInnen: die korrekte Lautgliederung (Standardlautung)

Der Mangel an Professionalität äußert sich primär im **Bereich der Vokale** und besonders in der fehlenden Beachtung der **Kurzvokale**.

Noch heutzutage kann man in Sprachbüchern lesen, dass es in unserer Sprache nur fünf Vokale gäbe, nämlich a, e, i, o und u!

Tatsächlich haben wir im Deutschen 16 Einzelvokale plus 3 Diphthonge, also **19 Vokale**, wie man in jeder ausführlichen Grammatik, in jedem Aussprachewörterbuch oder in jeder Veröffentlichung zur Phonologie des Deutschen nachlesen kann (siehe oben die Tabellen 6 bis 8).

Wenn also jemand behauptet, unsere Sprache verfüge nur über die **fünf Vokale** a, e, i, o und u, so ist das falsch. Diese **Simplifizierung** bringt – mindestens für 20 Prozent der Schülerinnen und Schüler – ernste **Probleme für den Rechtschreiberwerb** mit sich. Warum? Weil sie die 19 Vokale, die bestimmte Auswirkungen auf die Rechtschreibung haben, benötigen. Nun werden manche von Ihnen fragen:

Wieso werden durch die Lehrkraft falsche Informationen vermittelt? Schließlich machen Deutschlehrerinnen oder -lehrer keine oder kaum Rechtschreibfehler, wenn sie an die Tafel schreiben.

So sollte es sein, davon wollen wir erst einmal auch ausgehen. Die Fehler in der Vermittlung passieren an anderer Stelle. Wenn in der (Vor-)Schule die Lerninhalte didaktisch aufbereitet werden, geschieht dies immer über eine Gliederung und teilweise über eine Reduktion des Lernstoffes in kleinere und auch grundlegende Einheiten. Das heißt in unserem Fall, Wörter werden in kleine Teile zerlegt. Hierbei können vielfältige und folgenschwere Fehler entstehen.

Resultate unprofessionellen Unterrichts: Kinder verlernen die Vokaldifferenzierung

In einer empirischen Untersuchung zur Lautgliederung im ersten Schuljahr (vgl. Jansen & Thomé 1998, folgende Tabelle 9) zeigte sich, dass im Verlauf der ersten Klasse die Fähigkeit, den in den Wörtern *Ente, Elf* und *Äste* enthaltenen gleichen Anfangslaut /ɛ/ korrekt zu bezeichnen, zugunsten eines lang gesprochenen /e:/-Lautes stetig abnimmt. Am Anfang des 1. Schuljahres benennen nur rund ein Viertel der untersuchten 66 Schüler den Anfangslaut der drei Wörter fälschlich mit langem /e:/, am Ende des Schuljahres sind es schon drei Viertel der Schüler! Das bedeutet, dass offenbar **als Folge des Unterrichts** eine schon vorhandene sprachliche Differenzierungsfähigkeit zwischen kurzen und langen Vokalen verschüttet wurde! Die Kinder verwenden **vorwiegend die Buchstabennamen für Vokale,** die sie ja ohne Alternativen immer genannt bekommen!

Prozentuale Anteile der Antworten bei der Anlautbestimmung für drei Testwörter zu vier Testzeitpunkten

Wort	Antwort	Unterrichtswoche 10	19	29	38
Äste	/ɛ/	12.7	18.8	3.2	0.0
	/ɛ:/	15.9	32.8	39.7	24.2
	/e:/	22.2	31.3	49.2	62.9
	anderes	49.2	17.1	7.9	12.9
Ente	/ɛ/	9.5	9.4	1.6	0.0
	/ɛ:/	20.6	40.6	31.7	18.0
	/e:/	30.2	37.5	57.1	75.4
	anderes	39.7	12.5	9.6	6.6
Elf	/ɛ/	12.7	15.6	1.6	0.0
	/ɛ:/	22.2	26.6	30.2	16.4
	/e:/	22.2	34.4	65.1	75.4
	anderes	42.9	23.4	3.1	8.2

Tabelle 9: Das allmähliche Verschwinden des Kurzvokals in den ersten Unterrichtsmonaten (n = 66 Schüler) (in: Jansen & Thomé 1998, S. 23)

Wenn ich meinen Studentinnen und Studenten erzähle, dass es nicht „unbedingt vorteilhaft" ist, den Schreiblernern nur Einzelbuchstaben zu vermitteln, kommt immer dieselbe Frage: „Ist es nicht einfacher, wenn man den Kindern das ABC mit den Buchstaben beibringt und sie dann die Wörter **zusammenschleifen lässt?** So haben wir es früher doch auch in der Schule gelernt." Wie „schleifen" nun aber die armen Kinder die Buchstabennamen zusammen? Antwort:
GEE AA ER EN IE ZEE HA TEE oder g aaaa r n iiii c h t!

Kaputtsparen ist nicht ein Problem, das nur die Deutsche Bahn betrifft, sondern das gesamte Bildungswesen und andere wichtige Bereiche unserer Gesellschaft. Eine gute Infrastruktur kostet aber Geld. Am falschen Ort oder zu viel gespart, führt eine verordnete Geldknappheit mit Sicherheit irgendwann (eigentlich schon jetzt, in dieser Sekunde,) zu Schäden, deren Beseitigung, wenn das im Nachhinein überhaupt möglich ist, allemal **teurer** wird als die Summe des vorher Eingesparten (vgl. Wößmann & Piopiunik 2009).

Fehler im Unterricht entstehen – wie wir gesehen haben – häufig durch unsachgemäßes Gliedern sprachlicher Einheiten. Die Überprüfung lautlicher Fähigkeiten, die eine notwendige Grundlage für das Lesen und Schreiben bilden, bedarf einer soliden Professionalität auf Seiten der **Lehrkräfte**, denn ein großer Teil der Schüler, die unter ernsten Rechtschreibproblemen leiden, hätte wahrscheinlich durch einen **professionellen Deutschunterricht** eine gute Rechtschreibfähigkeit entwickeln können (vgl. Blömeke u. a. 2011; Corvacho del Toro 2013; Corvacho del Toro & Thomé 2013).

Schwachstellen in der fachdidaktischen Lehrerausbildung

Im Schriftsprachunterricht sind im Bereich der Vokaldifferenzierung bei einem inakzeptabel großen Teil der Lehrkräfte deutliche Wissensdefizite in der Phonologie und damit in der Grundlage ihres fachdidaktischen Handelns feststellbar. Hier zeigt sich die Relevanz der **Sprachwissenschaft**. So wird in der basalen schriftsprachlichen Vermittlung (besonders bei der Lautdifferenzierung und -gliederung, der Lernstandsanalyse und -diagnostik), die Notwendigkeit eines fundierten Graphembegriffs deutlich, der mit dem von **Nicolai S. Trubetzkoy** (1939/1989) und dem „Prager Linguistischen Zirkel" eingeführten **Phonembegriff** korrespondiert.

Ohne die Überwindung der Buchstabenorientierung leidet die Qualität des Erstschreibunterrichts erheblich und bewirkt eine **negative Lernentwicklung**, die sich bei Kindern und Jugendlichen mit Migrationshintergrund noch stärker zeigt als bei deutschen Muttersprachlern (vgl. a. Becker 2013).

Knapp vorbei ist auch daneben.

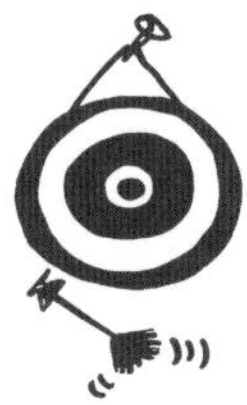

Zusammenfassen können wir, dass die **Vokallänge** einen entscheidenden Einfluss auf die Schreibung hat. In manchen Lernmaterialien werden die Vokale als die „Chefs" oder „Kapitäne" in den Wörtern bezeichnet. Für die Lautübungen ist es äußerst wichtig, dass alle Wörter, die behandelt werden, lautlich korrekt gegliedert werden. Im Bereich der Vokale (speziell der Kurzvokale) werden die meisten unterrichtlichen Fehler gemacht.

Eine **korrekte Lautgliederung** – besonders der Kurz- und Langvokale – ist deshalb eine unabdingbare Grundlage eines jeglichen Rechtschreib- und Sprachunterrichts – und das unabhängig vom Alter der Schüler (also **vom Kindergarten an**, in der Schule von der ersten bis zu letzten Klasse, danach natürlich auch in der Erwachsenenalphabetisierung). Neben einer korrekten Lautgliederung ist die

Einteilung der Grapheme in **Basis- und Orthographeme** die solide Grundlage eines guten Rechtschreibunterrichts. Den Kindern gegenüber, zu Hause und im Unterricht, sollte man allerdings die Begriffe **Haupt- und Nebenschreibzeichen** verwenden. Die Einführung und das Üben der Basisgrapheme sollte im **ersten Schuljahr** der **zentrale Inhalt des Schriftsprachunterrichts** sein.

Es ist ein Unding, dass man die **ABC-Schützen nicht vor dem ABC schützt**, sondern sie mit seltenen Schreibungen, wie <c> oder <y>, belästigt und durch falsche Informationen durcheinanderbringt: „Das lange iiii (/iː/) schreibt man mit <i> wie *Igel.*“ Bemerkenswert, aber als sogenanntes **Igelsyndrom** in heutigen Unterrichtsmaterialien immer noch nicht angekommen, ist, dass auf die Ausnahmeschreibung des *Igels* für das lange i schon im Duden von 1902 hingewiesen wird (siehe Abbildung 27, unter 1b).

ie. § 17.

1. In ursprünglich deutschen Wörtern wird langes i in der Regel durch **ie** bezeichnet, z. B. Liebe, Lied (Gedicht), viel, blieb, Sieg.

Ausnahmen sind

a) die Fürwörter mir, dir, wir; ihm, ihn, ihnen; ihr ihrer, ihrig;

b) Igel, Isegrim, Biber, Augenlid.

Anm. Wie fing, ging, hing ist auch gib, gibst, gibt zu schreiben. Die Aussprache des i in diesen Formen schwankt in den verschiedenen Teilen Deutschlands.

Man unterscheidet wider (gegen) und wieder (nochmals), obwohl beide ursprünglich dasselbe Wort sind, dessen Bedeutung sich nach zwei verschiedenen Seiten entwickelt hat.

Abb. 27: Das Igelsyndrom: Vieles ist seit über 100 Jahren bekannt, aber den Igel findet man (trotz Ausnahmeschreibung für das lange i) immer noch in fast jedem Unterrichtsmaterial (in: Duden 1902, S. 13)

Überall sollen Herr und Frau „Macht-das-noch-nebenher" weiteren Unterricht oder weitere Lehre zusätzlich übernehmen. Er und sie sind immer zuständig. Als „**Entprofessionalisierung**" bezeichne ich den gefährlichen Trend, Schriftsprachdidaktik mehr oder weniger komplett an Herrn oder Frau „Macht-das-noch-nebenher" zu übertragen und die Probleme, die sich immer mehr in vielen Bereichen des Bildungswesens zeigen, zu verharmlosen und schönzureden. Gerne wird nämlich darauf verwiesen, dass schon ein (vom jeweiligen Amt ernannter) Experte oder eine Expertin am Werke sei, der/die sich damit befasse, alle Probleme im Griff habe, und es richten werde. Sie oder er richtet aber rein gar nichts (außer vielleicht etwas oder sich selbst zugrun ...). Wie soll das auch machbar sein, manchmal nur auf einer halben Stelle, befristet für ein Jahr?

Die zunehmende Entprofessionalisierung in Verbindung mit einem bildungspolitischen **Diletantismus und Sparzwang** kann man überall finden. Schauen wir einmal in ein Vorlesungsverzeichnis hinein, Bereich **Schriftsprachdidaktik**. Auf den ersten Blick denkt man vielleicht: *Donnerwetter, das sind doch genügend Seminare und Veranstaltungen!* Aber wer leitet sie? Oft werden sie von MitarbeiterInnen durchgeführt, die mit enormer Lehrverpflichtung (bis 18 SWS wöchentlich) kaum zu einer gründlichen Vorbereitung und schon gar nicht zu einer Weiterqualifizierung kommen können. Wo bleiben die **Professorinnen und Professoren in diesem Bereich?** Andererseits gibt es **qualifizierten Nachwuchs** in der Sprachdidaktik in Warteposition, der – wegen des Schwerpunktes Schriftspracherwerb – **keine** Professur bekommt. Auf jeden Fall muss man das Lehrangebot, so wie es ist, oft als **Mogelpackung** bezeichnen, mit der letztlich im Bildungswesen Geld gespart wird.

Eine derartig vernachlässigte Lehrerausbildung zeigt eine Geringschätzung des Schrifterwerbs und führt zwangsläufig – wie man auch sieht – zu sinkenden Schülerleistungen im Rechtschreiben. Wieweit kann man Bildung und Ausbildung dequalifizieren? Und warum hat der wichtige Bereich der Sprachdidaktik so wenig Ansehen? Die diletantische Ignoranz der Grundbildung gegenüber hat Bernhard Bosch (1937/2003) treffend beschrieben:

> “Als eines Tages ein **Lehrstuhl für Grundschuldidaktik eingerichtet wurde, bekundete ich mein persönliches Interesse**: Ich wurde vom zuständigen Mann im Ministerium **abgewehrt** – wörtlich: **`Das ist was für Praktiker. Sie sind dafür zu schade.´ Ich war schockiert.** Das nicht nur, weil ich gern offiziell dabei gewesen wäre, als von der jüngeren Generation dem Erlernen der Schriftsprache endlich der gemäße wissenschaftliche Rang zugewiesen wurde: ich war auch im Inneren betroffen, weil die Aufgabe im Kultusministerium als **`Beibringen von Buchstaben´ abgewertet erschien, also wissenschaftlicher Erforschung nicht bedürftig.**“ (Bosch 1937, S. 17, zitiert nach Kluge 2009, S. 27; Hervorhebungen G. Th.)

Problematisch ist es, wenn die Inhalte der Deutschlehrerausbildung zu sehr an der Sekundarstufe II orientiert sind und auf Kosten der „niedrigen“ Grundqualifikation Rechtschreiben in den Vordergrund gestellt werden. Hier muss man wieder an die Sichtweise, Rechtschreibung sei nur eine **Subdomäne** und gehöre zu den „second class skills“, erinnern. Dem Lesen wird ein Platz zugestanden, weil man damit das Lesen guter Literatur verbindet. Aber Rechtschreiben bedeutet in den „schöngeistig“ dominierten Ausbildungsmodulen des Faches Germanistik wenig und man reagiert unwillig:

> *Das mit den Buchstaben soll ganz woanders erledigt werden, nicht in der Deutschlehrerausbildung.*

Liebsein reicht nicht, wir brauchen auch Professionalität!

Seltsam, sehr seltsam und schlimm für die frisch ausgebildeten Lehrer und Lehrerinnen, wenn sie feststellen müssen, dass in mittleren und höheren Klassenstufen schriftsprachliche **Grundkompetenzen** leider noch nicht „automatisch“ verfügbar sind.

In einer Reportage über Analphabeten in Deutschland wird über die schulische Situation berichtet: „**Der Schüler XY hat leider nie richtig schreiben gelernt. Im Unterricht war dazu keine Zeit, da immer die Sachthemen aus anderen Fächern im Vordergrund standen**." Wie traurig ist das denn?!

Wie praktisch:
Herr oder Frau
„Macht-das-noch-nebenher"

9. Irrtum LRS/Legasthenie gibt es – LRS/Legasthenie gibt es nicht

Hier gibt es viele Meinungen:

Es gibt LRS, aber keine Legasthenie. Es gibt Legasthenie, aber keine LRS. Legasthenie ist (k)eine Krankheit. LRS ist (k)eine Entwicklungsverzögerung. LRS und Legasthenie muss und kann man (nicht) gut voneinander unterscheiden. LRS/Legasthenie sind (n)immer Lese- und Rechtschreibprobleme. Wer nicht schreiben und lesen kann, ist dumm oder sehr intelligent. Die Gründe für eine LRS/Legasthenie liegen (nicht) in einer Entwicklungsverzögerung, Linkshändigkeit, in familiären Konflikten, in genetisch bedingter Veranlagung usw. Entscheidend ist (nicht) der Unterricht. Das hat alles (nichts) mit Analphabetismus zu tun. Keine Fachdisziplin kann alles erforschen und alleine die Probleme lösen.

Die Irrtümer summieren sich - Interdisziplinarität, warum so spät? - Warum liegt mir viel am Thema LRS/Legasthenie?

Die Irrtümer summieren sich

Mit diesem Kapitel hatte ich beim Schreiben besondere Schwierigkeiten. Ich habe lange gekämpft, wie ich es gliedern soll und welche Inhalte unbedingt hineinkommen müssen. Zuerst wollte ich etwas über die verschiedenen Definitionen von LRS/Legasthenie schreiben, dann über Paul Ranschburg, der 1916 die Bezeichnung Legasthenie einführte usw.

Doch ich habe gemerkt, dass andere das alles schon viel besser geschrieben haben, und ich möchte nicht eine weitere Definition hinzufügen, gerade weil mir dieses Thema sehr wichtig ist.

Im Bereich LRS/Legasthenie wirken sich nämlich **alle Irrtümer** verheerend aus. Sie kulminieren hier geradezu. Die bis hierher angesprochenen Irrtümer tragen in ihrer Gesamtheit dazu bei, dass wir in der Erforschung der LRS/Legasthenie noch nicht weiter sind. Notwendig wäre eine verstärkte und gezielte interdisziplinäre Forschung, denn LRS/Legasthenie ist **kein Problem, das an den Grenzen einzelner Fachwissenschaften Halt mach**t.

Ein interdisziplinäres Problem sollte man auch interdisziplinär angehen:

Medizin,
Pädagogik,
Psychologie,
Sprachdidaktik,
und Sprachwissenschaft sind notwendige Partnerdisziplinen (alphabetisch sortiert, damit sich keiner ärgert)

Interdisziplinarität, warum so spät?

Wenn man das Problem ausschließlich unter medizinischem Aspekt betrachtet, ist den Betroffenen genauso wenig geholfen, wie wenn man unter rein pädagogischer Sicht die Position vertritt, Legasthenie gibt es nicht, was dann von den zuständigen Institutionen und Krankenkassen leicht uminterpretiert wird in: Probleme im Lesen und/ oder Schreiben gibt es nicht.

Es ist nicht verwunderlich, dass Vertreter der verschiedenen Fachrichtungen einerseits das Gefühl haben, sie alleine würden den größten Anteil bei der Erforschung des Problems leisten und sich andererseits über Forscher aus anderen Fächern ärgern, weil diese in ihrem Revier wildern. Eine effektive Lösung sieht aber anders aus. Denkbar und sinnvoll wäre eine **interdisziplinär besetzte Arbeitsgruppe oder ein Kompetenzzentrum**, damit in spezialisierter Zusammenarbeit endlich hilfreiche Forschung gelingen könnte.

Warum liegt mir viel am Thema LRS/Legasthenie?

Ich habe in der konkreten Förderung und Therapie viele Kinder und Jugendliche mit gravierenden Rechtschreibproblemen kennen gelernt und **sehr großen Respekt bekommen** vor ihren Anstrengungen auf dem schweren Weg, der reichlich Entmutigungen und Zurückweisungen bietet (vgl. Thomé & Thomé 2010a). Erstaunlich ist für mich der Persönlichkeitswandel, der immer stattfindet, wenn sich erste Erfolge in der Rechtschreibung abzeichnen. Es ist, als würden die Kinder oder Jugendlichen ein „Versager-Image" ablegen und sich **endlich** als **normale** Schüler fühlen können. Ihr Blickwinkel auf die Rechtschreibung verändert sich, weg von einer bedrohlichen und bestrafenden Situation (man denke sich das bekannte Damokles- als Rechtschreibschwert), hin zu einer Einstellung, dass Rechtschreibung „zu schaffen ist", vielleicht sogar spannend sein kann.

Neben diesen wichtigen Erfahrungen gibt es noch weitere, die bis in **meine eigene 9-jährige Volksschulzeit auf dem Dorf** zurückreichen. Ich habe oftmals erleben müssen, **wie schlecht Mitschüler behandelt wurden**, die nicht rechtschreiben konnten.

Manches ist mir noch vor Augen, als wenn es gestern gewesen wäre. Wir gingen in eine kleine Dorfschule und hatten von der fünften bis zur neunten Klasse einen Lehrer, der, wenn er schlecht gelaunt war, die üble Angewohnheit besaß, einen Mitschüler, nennen wir ihn *Wolfgang,* an die Tafel zu rufen, von dem er wusste, dass er große Probleme mit der Rechtschreibung hatte. Heute würde man einen klaren Fall von LRS oder Legasthenie diagnostizieren. Zu den Schreibproblemen kam hinzu, dass Wolfgang stark vorstehende Zähne hatte. Seine Haare standen wegen einiger Wirbel am Hinterkopf wirr und durcheinander in die Luft. An seiner Kleidung konnte man erkennen, dass er, wie die meisten von uns, aus einer armen Familie kam. Wenn er an die Tafel gerufen wurde, wusste er, auf was es hinauslief. Man konnte ihn schon zittern sehen.

Dann diktierte der Lehrer, den wir über viele Jahre in allen Fächern, außer in Religion, hatten, irgendwelche Wörter, die *Wolfgang* **mit zittriger Hand in furchtbarer, kaum lesbarer Schrift** an die Tafel schrieb. Mit jedem Wort, das er schrieb, steigerte der Lehrer seinen Zorn, bis ihm das Diktieren im Hals stecken blieb und er mit seinen **Beschimpfungen** begann. Sämtliche Unflätigkeiten, die ihm einfielen, musste *Wolfgang* über sich ergehen lassen: *„Holzknecht, Hundling elendiger, du Rüpel, du. Wie wenn ein Huhn über die Tafel gescharrt hätte! Du gehst es gar nicht an, du Fluderer!"*

Die ganze Zeremonie kam regelmäßig zu ihrem Höhepunkt, wenn der Lehrer den Mitschüler von hinten am Haarschopf packte, *Wolfgangs* Kopf **wild hin- und herstieß** und lauthals drohte, mit seiner Nase sämtliches Gekrickel auf der Tafel auswischen zu wollen.

Uns Schülern und Schülerinnen, die wir ja als Dorfkinder nicht besonders zartbesaitet waren, war dies ekelhafte Vorgehen zu grob, zudem *Wolfgang* ein netter Kerl war, der niemandem etwas Böses tat, im Gegenteil: Er war immer freundlich und hatte tolle Ideen.

Zumindest gab es während dieser regelmäßig wiederkehrenden Szenen von uns Jungen keine Zustimmung und ein Murren von den mitleidigen Mädchen, was endlich zum Abbruch der brutalen Entgleisungen des Lehrers führte.

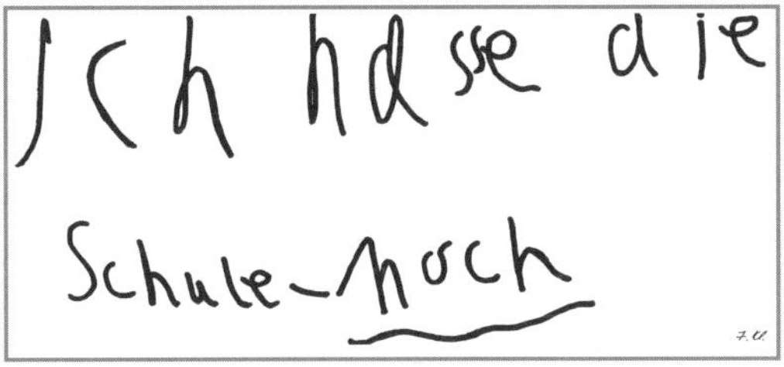

Abb. 28: Ein hoffnungsvolles NOCH von einem Siebtklässler: „Ich hasse die Schule – noch“

Heute ist die Situation für rechtschreibschwache Kinder (vielleicht und **hoffentlich**) **nicht** mehr **ganz so entwürdigend**, man denke u. a. an Maßnahmen wie Notenschutz und Nachteilsausgleich (Schulte-Körne 2009; Suchodoletz 2006, 2010; Ise, Engel & Schulte 2012), aber immer noch wird mit Rechtschreibproblemen nicht adäquat und förderlich umgegangen. Das ist einerseits für die Individuen und andererseits für unsere Gesellschaft schlimm. Es entstehen enorme soziale und wirtschaftliche Schäden, wenn so viele junge Menschen wegen Rechtschreibproblemen von einem höheren (oder überhaupt einem) Bildungsabschluss ausgeschlossen werden, eventuell mit der Folge, dass sie, statt nach einem Ingenieurstudium für sich und andere einen guten Beitrag leisten können, einen Weg beschreiten, der allzu häufig in die Arbeitslosigkeit führt.

= LRS

Viele haben von ihr gehört,
sie aber noch nie gesehen:
Ella S.

Problematisch und traurig an der ganzen Diskussion ist, dass viele der betroffenen Kinder auf der Strecke bleiben. Ein Teil von ihnen entwickelt noch zusätzlich psychische Probleme. Gerd Schulte-Körne geht auf diese Belastung ein:

> „Bei **40 bis 60 Prozent** der Kinder und Jugendlichen mit einer LRS treten **psychische Probleme** auf. Dies liegt deutlich über der Prävalenz psychischer Störungen, die nach den aktuellen Daten des Kinder- und Jugendsurveys zwischen 5 bis 18 Prozent [liegt]..." (Schulte-Körne 2010, S. 719 f.; Hervorhebungen G. Th.)

Was wird nun aus denjenigen, die gravierende Rechtschreibprobleme haben? Nicht wenige von ihnen werden **funktionale Analphabeten**, die von der gesellschaftlichen Partizipation ausgeschlossen sind (vgl. Esser 1992). Bei der Erarbeitung der ersten Auflage dieses Buches schlug die Meldung ein, dass in Deutschland der Anteil der Analphabeten an der Gesamtbevölkerung auf **7,5 Millionen** gestiegen sei (vgl. Grotelüschen & Riekmann 2011, 2012; Grotelüschen, Riekmann & Buddeberg 2012; für die Lesekompetenz s. die PIAAC-Studie 2012 in Rammstedt 2013)! Man stelle sich das vor!

Aber es passiert nichts, außer dass immer häufiger auf einen Facharbeitermangel hingewiesen wird. Sarkastisch gefragt: Kann hier vielleicht jemand einen **Zusammenhang** sehen: zwischen einem **guten Bildungssystem**, das Bildungsgrundlagen und Schlüsselqualifikationen vermittelt, und **besser ausgebildeten Schulabgängern**? Dass die Probleme funktionaler Analphabeten schon zum Schulbeginn einsetzen, führt Cordula Löffler (2011) eindrucksvoll aus:

> „Funktionale Analphabeten waren also zunächst einmal Schüler/innen mit Schwierigkeiten beim Lesen- und Schreibenlernen. Funktionaler Analphabetismus entsteht, wenn sich **niemand um eine individuelle Förderung** bemüht – oder die finanziellen Mittel dafür fehlen. Wahrscheinlich ist, dass die späteren funktionalen Analphabeten mit Voraussetzungen eingeschult wurden, die für das schulische Einstiegsniveau zu gering waren – vielfach im gesamten sprachlichen Bereich ..." (Löffler 2011, S. 88; Hervorhebg. G. Th.)

Wenn man als Wissenschaftler versucht, die genannten Probleme in Bildungs- oder Wissenschaftsministerien anzusprechen und Hilfestellungen anbieten möchte, dann kann Folgendes passieren.

Ein Szenario

Der Sprachkodex in den Ministerien ist streng. Wenn man von LRS spricht, bekommt man zu hören: „*LRS? Ach, das haben wir hier gar nicht. Außerdem haben wir da* Herrn X. *Der macht das alles!*“ Wenn man dagegen von Legasthenie spricht, wird gesagt: „*Legasthenie? Ach, das haben wir hier gar nicht. Außerdem haben wir da* Herrn X. *Der macht das alles!*“ Und damit ist das Gespräch beendet.

Ella S.
und
Lea Gaste-Nie

Kann man die mangelhafte Rechtschreibleistung von weit über 20 Prozent der Schülerinnen und Schüler auf Dauer hinnehmen und die diversen Ausreden gelten lassen? Natürlich wird immer die jeweilige Schul- und Bildungspolitik als außerordentlich erfolgreich dargestellt. Man kann auch nicht in kurzen Zeiträumen absolute Verbesserungen erwarten. Aber wird denn wirklich etwas Entscheidendes unternommen? Ich bemerke nur einen zunehmenden **Dilettantismus** in Bildung und Ausbildung. Zusätzlich werden an den Universitäten – trotz Überlast – weithin viele Millionen Euro eingespart. Wozu solche **Sparmaßnahmen** und **Fehlsteuerungen** führen, sehen wir an den noch weiter sinkenden Rechtschreibleistungen und der z. T. daraus resultierenden Chancenungleichheit (s. a. Autorengruppe Bildungsberichterstattung 2012, S. 210 ff.). Klieme, Jude, Baumert & Prenzel (2010) bringen eine klare Zusammenfassung, die auf das Rechtschreiblernen übertragbar ist:

„Auch zehn Jahre nachdem die zuvor genannten Probleme (Lesekompetenzdefizite, besonders bei Jugendlichen mit Migrationshintergrund, geschlechtsspezifische Leistungsunterschiede, Anmerkung G. Th.) bei PISA 2000 erstmals bekannt wurden, **fehlt es an erprobten Förderkonzepten**. (…) Vieles spricht dafür, dass die **Professionalität des Lehrpersonals** die entscheidende Ressource für Qualitätsentwicklung im Bildungswesen ist. In Deutschland zeichnen sich **Versorgungsprobleme** ab, vom frühkindlichen Bereich – fachspezifisch – bis zu den Berufsschulen, und die Lehrerausbildung ist **vielerorts** noch im Umbruch.“ (Klieme, Jude, Baumert & Prenzel 2010, S. 296; Hervorhebungen G. Th.)

Mit etwas Fingerspitzengefühl könnten unsere Bildungspolitiker Rechtschreibprobleme leicht in den Griff bekommen

Lassen Sie uns gemeinsam an den dringenden Verbesserungen arbeiten (aber **besser** als in der obigen Karikatur). Frei nach **Seneca**:

Wir lassen die Dinge nicht liegen,
weil sie schwer sind,
sondern weil wir sie liegen lassen,
werden sie schwer!

Abbildungs- und Tabellenverzeichnis

Auf den Seiten 10, 15, 31, 73 sind Abbildungen aus: Meyers Kleines Konversations-Lexikon (1906, Erster Teilband, S. 978, Buchschmuck) abgedruckt.

Literaturverzeichnis

Adelung, J. Ch. (1782/1978): Grundgesetz der Deutschen Orthographie. In: Adelung, J. Ch.: Magazin für die deutsche Sprache. Ersten Jahrgangs erstes Stück. Leipzig: Selbstverlag, S. 59–83. [Nachdruck des Reprints von 1969, Hildesheim: Olms, in: Garbe, B. (Hrsg.): Die deutsche rechtschreibung und ihre reform 1722–1994. Tübingen: Niemeyer, S. 38-47].

Ahrenholz, B. & Knapp, B. (Hrsg.)(2012): Sprachstand erheben – Spracherwerb erforschen. Freiburg i. Br.: Fillibach.

Anger, Chr.; Esselmann, J.; Fischer, M. & Plünnecke, A. (2012): Bildungsmonitor 2012. Köln: Institut der deutschen Wirtschaft.

Aristoteles: Metaphysik. Schriften zur Ersten Philosophie. Übers. u. hrsgg. von F. F. Schwarz. Stuttgart: Reclam 1987.

Artelt, C.; Stanat, P.; Schneider, W. & Schiefele, U. (2001): Lesekompetenz: Testkonzeption und Ergebnisse. In: Baumert, J. u. a. (Hrsg.): PISA 2000: Basiskompetenzen von Schülerinnen und Schülern im internationalen Vergleich. Opladen: Leske + Budrich, S. 69–137.

Augst, G. (Hrsg.)(1974): Rechtschreibung mangelhaft? Heidelberg: Quelle & Meyer.

Augst, G. (1989): Schriftwortschatz. Untersuchungen und Wortlisten zum orthographischen Lexikon bei Schülern und Erwachsenen. Frankfurt/M. u. a.: Lang.

Augst, G. (2009): Wortfamilienwörterbuch der deutschen Gegenwartssprache. Studienausgabe. Tübingen: Niemeyer.

Augst, G. & Dehn, M. (2007): Rechtschreibung und Rechtschreibunterricht. 4. Aufl. Stuttgart: Klett.

Autorengruppe Bildungsberichterstattung (2012): Bildung in Deutschland 2012. Ein indikatorengestützter Bericht. Bielefeld: Bertelsmann Verlag.

Balhorn, H. (1989): Nicht regeln, sondern operationen. In: Günther, K.-B. (Hrsg.): Ontogenese, Entwicklungsprozeß und Störungen beim Schrifterwerb. Heidelberg: Edition Schindele, S. 381-388.

Bartnitzky, H. (2000): Diktate oder was sonst? Einige Überlegungen zur Leistungsbewertung. In: Valtin, R. (Hrsg.): Rechtschreiben lernen in den Klassen 1-6. Frankfurt/M.: Grundschulverband, Arbeitskreis Grundschule, S. 124–128.

Baumert, J. u. a.; Deutsches PISA-Konsortium (Hrsg.) (2001): PISA 2000: Basiskompetenzen von Schülerinnen und Schülern im internationalen Vergleich. Opladen: Leske + Budrich.

Beck, B. & Klieme, E. (Hrsg.) (2007): Sprachliche Kompetenzen. Konzepte und Messung. DESI (Deutsch Englisch Schülerleistungen International) Ergebnisse. Band 1. Weinheim: Beltz Pädagogik.

Beck, B.; Thomé, G. & Thomé, D. (2009): Schwache Rechtschreiber müssen keine schwachen Leser sein und umgekehrt. In: Valtin, R. & Hofmann, B. (Hrsg.): Kompetenzmodelle der Orthographie. Berlin: Deutsche Gesellschaft für Lesen und Schreiben, S. 40–47.

Becker, T. (2008): Modelle des Schriftspracherwerbs: Eine kritische Bestandsaufnahme. In: Didaktik Deutsch 25, S. 78–95.

Becker, T. (2013): Schriftspracherwerb in der Zweitsprache: Eine qualitative Längsschnittstudie. 2. korr. Aufl. Baltmannsweiler: Schneider Verlag Hohengehren.

Becker, T. & Siekmann, K. (2012): Diagnose orthographischer Fähigkeiten bei mehrsprachigen Kindern. In: Grießhaber, W. & Kalkavan, Z. (Hrsg.): Orthographie- und Schriftspracherwerb bei mehrsprachigen Kindern. Breisgau: Fillibach, S. 169–187.

Becker-Mrotzek, M. Böttcher, I. (2012): Schreibkompetenz entwickeln und beurteilen. 4., überarb. Neuaufl. Berlin: Cornelsen.

Becker-Mrotzek, M. u. a. (2012): Qualitätsmerkmale für Sprachstandsverfahren im Elementarbereich. Hgg. vom Mercator-Institut für Sprachförderung und Deutsch als Zweitsprache. Köln: Mercator-Institut.

Bellin, M. J. (1657): Hochdeutsche Rechtschreibung; darinnen die insgemein gebräuchliche Schreibart und derselben in vilen stükken grundrichtige Verbesserung unforgreiflich gezeiget würd. Lübeck: Smalhaerzens Erben.

Berkemeier, A. (2006): Schrifterwerb im mehrsprachigen Kontext. In: Bredel, U. u. a. (Hrsg.): Didaktik der deutschen Sprache. 2., durchges. Aufl. Paderborn u. a.: Schöningh, Bd. 1, S. 297–306.

Berkemeier, A. (2012): Multilingualer Schriftspracherwerb: Griechisch - Deutsch. In: Grießhaber, W. & Kalkavan, Z. (Hrsg.): Orthographie- und Schriftspracherwerb bei mehrsprachigen Kindern. Freiburg i. Br.: Fillibach, S. 35–55.

Birkel, P. (2009): Rechtschreibleistung im Diktat – eine objektiv beurteilbare Leistung? In: Didaktik Deutsch, 27, S. 5–32.

Blömeke, S. u. a. (Hrsg.)(2011): Kompetenzen von Lehramtsstudierenden in gering strukturierten Domänen. Münster: Waxmann Verlag.

Böhme, K.; Bremerich-Vos, A. (2009): Diagnostik der Rechtschreibkompetenz in der Grundschule. In: Granzer, D. u. a. (Hrsg.): Bildungsstandards Deutsch und Mathematik. Weinheim Beltz, S. 330–356.

Bormann, K. (1840): Der orthographische Unterricht in seiner einfachsten Gestalt, Kritik der gewöhnlichen Methoden, und Nachweisung des allein naturgemäßen Weges beim Unterricht in der Rechtschreibung. Berlin: Duncker und Humblot.

Bos, W. u. a. (2010): IGLU 2006 – die Grundschule auf dem Prüfstand: Vertiefende Analysen . Münster: Waxmann Verlag.

Bos, W. u. a. (2012): IGLU 2011: Lesekompetenzen von Grundschulkindern in Deutsch im internationalen Vergleich. Münster: Waxmann Verlag.

Bosch, B. (1937): Lesenlernen. Reprint hgg. von Giese, H. W. (2003): Bernhard Bosch zum 100. Geburtstag. Frankfurt/M.: DGLS.

Bradley, L. & Bryant, P. E. (1979): Independence of reading and spelling in backward and normal readers. In: Developmental Medicine and Child Neurology 21, H. 4, S. 504–514.

Bredel, U. (2007a): Sprachbetrachtung und Grammatikunterricht. UTB.

Bredel, U. (2007b): Sprachstandsmessung – Eine verlassene Landschaft. In: Ehlich, K.: Anforderungen an Verfahren der regelmäßigen Sprachstandsfeststellung als Grundlage für die frühe und individuelle Förderung von Kindern mit und ohne Migrationshintergrund. Hgg. mit U. Bredel u. a. Bundesministerium für Bildung und Forschung (BMBF) (Hrsg.). Berlin: BMBF, S. 78–119.

Bredel, U.; Fuhrhop, N.; Noack, Chr. (2011): Wie Kinder lesen und schreiben lernen. Tübingen: A. Francke.

Bredel, U.; Müller, A. & –Hinney, G. (Hrsg.) (2010): Schriftsystem und Schrifterwerb: linguistisch – didaktisch – empirisch. Berlin u. a.: de Gruyter.

Bremerich-Vos, A. (2013): Standards und Kompetenzdiagnostik im Fach Deutsch – 12 Jahre nach PISA. In: Fay, J. (Hrsg.): (Schrift-)Sprachdiagnostik heute. Baltmannsweiler: Schneider Verlag Hohengehren, S. 5–24.

Bremerich-Vos, A.; Granzer, D. & Köller, O. (Hrsg.)(2008): Lernstandsbestimmung im Fach Deutsch. Weinheim, Basel: Beltz.

Bremerich-Vos, A. u. a. (2010): Kompetenzstufenmodelle für das Fach Deutsch. In: Köller, O.; Knigge, M. & Tesch, B. (Hrsg.): Sprachliche Kompetenzen im Ländervergleich. Münster u. a.: Waxmann, S. 37–50.

Bremerich-Vos, A. u. a. (2011): Professionelles Wissen von Studierenden des Lehramts Deutsch. In: Blömeke, S. u. a. (Hrsg.): Kompetenzen von Lehramtsstudierenden in gering strukturierten Domänen. Münster: Waxmann Verlag, S. 47–76.

Bremerich-Vos, A. u. a. (2012): Kompetenzstufenmodelle im Fach Deutsch. In: Stanat, P. u. a. (Hrsg.): Kompetenzen von Schülern und Schülerinnen am Ende der vierten Jahrgangsstufe in d. Fächern Deutsch u. Mathematik. Münster: Waxmann, S. 56–71.

Brinkmann, E. (2004): Schreiben nach Diktat oder selbstständig Rechtschreibung lernen? In: Grundschule , 1, S. 11–13.

Brinkmann, E. (2008): ABC Lernlandschaft. Schülerordner mit Anlauttabelle. Donauwörth: Lernbuchverlag in Kooperation mit Friedrich/Seelze.

Brown, A. S. (1990): A review of recent research on spelling. In: Educational Psychology Review 2, S. 365–397.

Brügelmann H. (2003): Rechtschreibleistungen am Ende der Grundschulzeit: 1991 – 2001. In: Panagiotopoulou, A. & Brügelmann, H. (Hrsg.): Grundschulpädagogik *meets* Kindheitsforschung. Opladen: Leske + Budrich, S. 173–178.

Brügelmann, H. & Brinkmann, E. (1994): Stufen des Schriftspracherwerbs und Ansätze zu seiner Förderung. In: Brügelmann, H. & Richter, S. (Hrsg.): Wie Kinder recht schreiben lernen. Lengwil: Libelle Verlag, S. 44–52.

Brügelmann, H. u. a. (1994): Schreibvergleich BRDDR 1990/1. In: Brügelmann, H. & Richter, S. (Hrsg.): Wie Kinder recht schreiben lernen. Lengwil: Libelle Verlag, S. 129–134.

Busch, W. (1925): Max und Moritz. München: Braun & Schneider.

Comenius, J. A. (1657/1992): Große Didaktik. Übers. u. hgg. v. A. Flitner. 7. Aufl. Stuttgart: Klett-Cotta.

Corvacho del Toro, I. (2013): Fachwissen von Grundschullehrkräften. Effekt auf die Rechtschreibleistung von Grundschülern. Bamberg: University of Bamberg Press.

Corvacho del Toro, I; Thomé, G. (2013): Zum Effekt des Fachwissens von Lehrkräften auf die Rechtschreibleistung von Grundschülern. In: Lernen und Lernstörungen 2, H. 1, S. 21–33.

Dehn, M. (1983): Vom „Verschriften" zum Schreiben. In: Grundschule 15, H. 7, S. 28 bis 31.

Dehn, M. (2007): Kinder & Lesen und Schreiben. Seelze-Velber: Kallmeyer, Klett.

Dehn, M. (2013): Zeit für die Schrift. Lesen und Schreiben im Anfangsunterricht. Berlin: Cornelsen.

DESI-Konsortium (Hrsg.) (2008): Unterricht und Kompetenzerwerb in Deutsch und Englisch. Ergebnisse der DESI-Studie (Deutsch Englisch Schülerleistungen International). Band 2. Weinheim, Basel: Beltz.

Dilling, H.; Mombour, W. & Schmidt, M. H. (2004): Internationale Klassifikation psychischer Störungen: ICD-10, Kap. V (F). Klinisch-diagnostische Leitlinien. 8. überarb. Aufl. Bern: Huber.

Duden (1902): Regeln für die deutsche Rechtschreibung nebst Wörterverzeichnis. Hgg. im Auftrage des Königlich Preußischen Ministeriums der geistlichen, Unterrichts- und Medizinal-Angelegenheiten. Berlin: Weidmannsche Buchhandlung.

Duden (2000): Die deutsche Rechtschreibung, 22., völlig neu bearb. u. erw. Aufl. Hgg. von der Dudenredaktion. Mannheim u. a.: Dudenverlag.

Duden (2005): Das Aussprachewörterbuch. Wörterbuch der deutschen Standardaussprache. 6. Aufl. Band 6. Mannheim u. a.: Dudenverlag.

Duden (2009): Die deutsche Rechtschreibung. 25., völlig neu bearb. u. erw. Aufl. Hgg. von der Dudenredaktion. Mannheim u. a.: Dudenverlag.

Ehlich, K. (2007): Anforderungen an Verfahren der regelmäßigen Sprachstandsfeststellung als Grundlage für die frühe und individuelle Förderung von Kindern mit und ohne Migrationshintergrund. In Zusarb. mit U. Bredel u. a. Bundesministerium für Bildung und Forschung (BMBF)(Hrsg.). Berlin: BMBF.

Eichler, W. (1976): Zur linguistischen Fehleranalyse von Spontanschreibungen. In: Hofer, A. (Hrsg.): Lesenlernen. Düsseldorf: Schwann, S. 246–264.

Eichler, W. (1983): Kreative Schreibirrtümer. Zur Auseinandersetzung des Schülers mit dem Verhältnis Laut – Schrift und mit den Rechtschreibregeln. In: Diskussion Deutsch 14, H. 74, S. 629–640.

Eichler, W. (1985): Rechtschreiblernen in und mit Regeln und als regelgeleitetes Verhalten. In: Augst, G. (Hrsg.): Graphematik und Orthographie. Frankfurt a. M., Bern, New York: Lang, S. 244–259.

Eichler, W. (1992): Schreibenlernen: Schreiben – Rechtschreiben – Texte-Verfassen. Bochum: Kamp.

Eichler, W. (2011): Fähigkeitsniveaus in den sprachlichen Kompetenzbereichen. In: Grundschulunterricht Deutsch 58 , H. 4, S. 6–10.

Eisenberg, P. (2000): Regeln und regeln lassen. Geminate und Politik. In: Linguistische Berichte 181, S. 119–121.

Eisenberg, P. (2013): Grundriss der deutschen Grammatik. Band 1: Das Wort. 4., akt. u. überarb. Aufl. Stuttgart: Metzler.

Eisenberg, P. & Fuhrhop, N. (2007): Schulorthographie und Graphematik. In: Zeitschrift für Sprachwissenschaft 26, S. 16–41.

Eisenlohr, M. F. (1927/1998): Fibel „Deutsches Kinderbüchlein" (1. Aufl. 1920). Donauwörth: Auer. [Zweiter Faksimile-Nachdruck der Ausgabe von 1927. Donauwörth: Auer, 1998].

Esser, G. (1992): Was wird aus Kindern mit Teilleistungsschwächen? Der langfristige Verlauf umschriebener Entwicklungsstörungen. Stuttgart: Enke.

Fay, J. (2010): Kompetenzfacetten in der Rechtschreibdiagnostik: Rechtschreibleistung im Test und im freien Text. In: Didaktik Deutsch 29, S. 15–36.

Fix, M. (1994): Geschichte und Praxis des Diktats im Rechtschreibunterricht. Frankfurt a. M.: Lang.

Freyer, H. (1722): Anweisung zur Teutschen Orthographie. Verlegt im Waesenhause/ Halle. [Nachdruck der 3. Aufl. von 1735, S. 1–35 in: Garbe, B. (Hrsg.): Die deutsche rechtschreibung und ihre reform 1722-1994. Tübingen: Niemeyer, S. 1–13].

Frith, U. (1980): Unexpected spelling problems. In: Frith, U. (Hrsg.): Cognitive Processes in Spelling. London u. a.: Academic Press, S. 495–515.

Frith, U. (1986): Psychologische Aspekte des orthographischen Wissens. In: Augst, G. (Hrsg.): New Trends in Graphemics and Orthography. Berlin u. a.: de Gruyter, S. 218–233.

Gerlach, D. (2010): Legasthenie und LRS im Englischunterricht. Münster: Waxmann Verlag.
Gerlach, D. (2013): wordly-Rechtschreibtraining. Konzept und Evaluation eines Interventionsprogr. für lese-rechtschreibschwache Englischlerner. Münster: Waxmann.
Glinz, E. (1990): Schweizer Sprachbuch zwei. Zürich: sabe Verlagsinstitut.
Glinz, H. (1955): Die Kennzeichnung des langen Vokals in der deutschen Rechtschreibung und die Möglichkeiten und Grenzen einer Vereinfachung. In: Der Deutschunterricht 7, H. 3, S. 83–93.
Glinz, H. (2006): Geschichte der Sprachdidaktik. In: Bredel, U. u. a. (Hrsg.): Didaktik der deutschen Sprache. 2. Aufl. Paderborn u. a.: Schöningh, S. 17–29.
Granzer, D.; Böhme, K. & Köller, O. (2008): Kompetenzmodelle und Aufgabenentwicklung für die standardisierte Leistungsmessung im Fach Deutsch. In: Bremerich-Vos, A.; Granzer, D. & Köller, O. (Hrsg.): Lernstandsbestimmung im Fach Deutsch. Weinheim, Basel: Beltz, S. 10–28.
Grießhaber, W. & Kalkavan, Z. (Hrsg.)(2012): Orthographie- und Schriftspracherwerb bei mehrsprachigen Kindern. Freiburg i. Br.: Fillibach.
Grimmelshausen, von H. J. Ch. (1669): Der abentheuerliche Simplicissimus Teutsch. German Schleifheim (= Synonym). Monpelgart: Fillion [Reprint: Grimmelshausen, von H. J. Ch. (1911): Abenteurer des dreißigjährigen Krieges. Simplicius Simplicissimus. Leipzig: Spamersche Buchdruckerei].
Grotelüschen, A. & Riekmann, W. (2011): Konservative Entscheidungen – Größenordnung des Funktionalen Analphabetismus in Deutschland. In: Report 3, S. 24–35.
Grotelüschen, A. & Riekmann, W. (Hrsg.) (2012): Funktionaler Analphabetismus in Deutschland. Ergebnisse der ersten leo.-Level-One Studie. Münster: Waxmann Vlg.
Grotelüschen, A.; Riekmann, W. & Buddeberg, K. (2012): Aktuelle Ergebnisse der Literalitätsforschung/Alphabetisierungsforschung. Schriftspracherwerb fördern. In: Weiterbildung 1, S. 34–37.
Hartmann, R. & Thomé, G. (2009): Richtig schreiben lernen mit dem Aufbaukonzept. Übungen und Tipps für die Grundschule. Braunschweig: Westermann.
Hasselhorn, M.; Marx, H. & Schneider, W. (2008): Aktuelle Trends der Rechtschreibdiagnostik. In: Schneider, W.; Marx, H.; Hasselhorn, M. (Hrsg.): Diagnostik von Rechtschreibleistungen u. -kompetenz. Göttingen: Hogrefe, S. 1–6.
Hasselhorn, M.; Schneider, W. & Marx, H. (2000): Früh-, Förder- und Differentialdiagnostik von Lese-Rechtschreibschwierigkeiten: Eine Einführung. In: Hasselhorn, M.; Schneider, W. & Marx, H. (Hrsg.): Diagnostik von Lese-Rechtschreibschwierigkeiten. Göttingen u. a.: Hogrefe, S. 1–7.
Heller, K. & Nerius, D. (2000): Zur Stellung der geschriebenen Sprache und Orthographie in der neueren Linguistik. Kap. II. In: Nerius, D. (Hrsg.): Duden: Deutsche Orthographie. Mannheim: Bibliographisches Institut, S. 55–72.
Hellmich, F.; Siekmann, K. (Hrsg.) (2013): Sprechen, Lesen und Schreiben lernen. Berlin: DGLS.
Herné, K.-L. (2004): „/o:/ wie Maurice?“ Stolpersteine auf dem Weg zur Schrift. In: Bremerich-Vos, A.; Löffler, C. & Herné, K.-L. (Hrsg.): Neue Beiträge zur Rechtschreibtheorie und -didaktik. Freiburg i. Br.: Fillibach, S. 191–206.
Herné, K.-L. (2006): Rechtschreibtests. In: Bredel, U. u. a. (Hg.): Didaktik der deutschen Sprache. 2., durchges. Aufl. Paderborn u. a.: Schöningh, S. 883–897.
Herné, K.-L.; Löffler, C. (2013, i. Dr.): LRS: Schwierigkeiten erkennen – Fähigkeiten fördern. Seelze: Kallmeyer Verlag.

Hertel, S. u. a. (2010): Schulische Rahmenbedingungen und Lerngelegenheiten. In: Klieme, E. u. a. (Hrsg.): PISA 2009. Münster u. a.: Waxmann, S. 113–151.

Hofmann, B. & Sasse, A. (2006): Eine Legasthenie ist doch behebbar! In: Hofmann, B. & Sasse, A. (Hrsg.): Legasthenie: Lese-Rechtschreibstörungen oder Lese-Rechtschreibschwierigkeiten? Berlin: DGLS, S. 78–97.

Holzwarth-Raether, U. & Müller-Wolfangel, U. (2006): Jetzt lerne ich erste Wörter schreiben. (Duden: Vorschule). Mannheim: Bibliographisches Institut.

Hoppe, H. (2009): Schreiben in Unterrichtswerken. Eine qualitative Studie über die Modellierung der Textsorte Bericht in ausgewählten Unterrichtswerken sowie den Einsatz im Unterricht. Dissertation an der Goethe-Universität Frankfurt/M., Fachbereich Neuere Philologien. Frankfurt/M.

Hornberg, S. u. a. (2007): Lesekompetenzen von Mädchen und Jungen im internationalen Vergleich. In: Bos, W. u. a. (Hrsg.): IGLU 2006. Lesekompetenzen von Grundschulkindern in Deutschland im internationalen Vergleich. Münster u. a.: Waxmann Verlag, S. 195–223.

Ickelsamer, V. (1527/1971): Die rechte weis aufs kürtzist lesen zu lernen. Nachdruck von 1527. Hgg. von K. Pohl (1971). 1. Aufl. Stuttgart: Klett.

Ise, E. & Schulte-Körne, G. (2012): Implizites Lernen und LRS: Spielen Defizite im impliziten Lernen eine Rolle bei der Entstehung von Schwierigkeiten im Lesen und Rechtschreiben? In: Lernen und Lernstörungen, 1, H. 2, S. 79–97.

Ise, E. ; Engel, R.; Schulte-Körne, G. (2012): Was hilft bei der Lese-Rechtschreibstörung? Ergebnisse einer Metaanalyse zur Wirksamkeit deutschsprachiger Förderansätze. In: Kindheit und Entwicklung 21, Heft 2, S. 122–136.

Jansen, H. (2008): Rechtschreibdiagnostik in pädagogisch-psychologischen Interventionen: Leistungen und Grenzen heutiger Rechtschreibtests. In: Schneider, W.; Marx, H. & Hasselhorn, M. (Hrsg.): Diagnostik von Rechtschreibleistungen und -kompetenz. Göttingen: Hogrefe, S. 159–189.

Jansen, H. & Thomé, G. (1998): Entwicklung der /ɛ/-Phonemanalyse im ersten Schuljahr und ihr Zusammenhang mit der Wortschreibung. In: Zeitschrift für Entwicklungspsychologie und Pädagogische Psychologie 30, S. 20–25.

Jensen, H. (1969): Die Schrift in Vergangenheit und Gegenwart. Reprint der 3. Aufl. Berlin: VEB Deutscher Verlag der Wissenschaften.

Jeuk, St. (2012): Orthographieerwerb mehrsprachiger Kinder in der ersten Klasse. In: Grießhaber, W. & Kalkavan, Z. (Hrsg.): Orthographie- und Schriftspracherwerb bei mehrsprachigen Kindern. Freiburg/Br.: Fillibach, S. 105–123.

Jude, N. u. a. (2008): Strukturen sprachlicher Kompetenzen. In: DESI-Konsortium (Hrsg.): Unterricht und Kompetenzerwerb in Deutsch und Englisch. Ergebnisse der DESI-Studie (Deutsch Englisch Schülerleistungen International). Bd. 2. Weinheim, Basel: Beltz, S. 191–201.

Kalkavan, Z. (2012): Orthographische Markierungen des Deutschen in türkischsprachigen Lernertexten. In: Grießhaber, W. & Kalkavan, Z. (Hrsg.): Orthographie- und Schriftspracherwerb bei mehrsprachigen Kindern. Breisgau: Fillibach, S. 57–80.

Karg, I. (2008): Orthographieleistungsprofile von Lerngruppen der frühen Sekundarstufe I. Frankfurt/M.: Lang.

Karmiloff-Smith, A. (1999): Beyond Modularity. A developmental perspective on cognitive science. 4. Aufl. Cambridge/Mass.: MIT Press.

Klicpera, Ch. & Gasteiger-Klicpera, B. (1995): Psychologie der Lese- und Schreibschwierigkeiten. Entwicklung, Ursachen, Förderung. Mannheim: Beltz, Psychologie Verlags Union.
Klicpera, Ch. & Gasteiger-Klicpera, B. (2001): Verlaufsuntersuchungen zur schulischen Förderung von Kindern mit Legasthenie. In: Schulte-Körne, G. (Hg.): Legasthenie und Dyskalkulie. Bochum: Winkler, S. 199–211.
Klicpera, Ch.; Gasteiger-Klicpera, B. & Schabmann, A. (2006): Rechtschreibschwierigkeiten. In: Bredel, U. u. a. (Hg.): Didaktik der deutschen Sprache. 2., durchges. Aufl. Paderborn u. a.: Schöningh, Band 1, S. 405–419.
Klieme, E.; Jude, N.; Baumert, J. & Prenzel, M. (2010): PISA 2000–2009: Bilanz der Veränderungen im Schulsystem. In: Klieme, E. u. a. (Hrsg.): PISA 2009. Münster u. a.: Waxmann, S. 277–300.
Klieme, E. u. a. (Hrsg.) (2010): PISA 2009. Bilanz nach einem Jahrzehnt. Münster u. a.: Waxmann Verlag.
Kluge, W. (2009): Bilanz und Anspruch der DGLS. In: Hofmann, B. & Valtin, R. (Hrsg.): Projekte, Positionen, Perspektiven. 40 Jahre DGLS (Deutsche Gesellschaft für Lesen und Schreiben). Berlin: DGLS, S. 10–28.
KMK (Hrsg.) (2004): Bildungsstandards im Fach Deutsch für den Mittleren Schulabschluss. München: Luchterhand.
KMK (Hrsg.) (2005): Bildungsstandards im Fach Deutsch für den Hauptschulabschluss. München: Luchterhand.
Köller, O. u. a. (2010): Der Blick in die Länder. In: Köller, O.; Knigge, M. & Tesch, B. (Hrsg.): Sprachliche Kompetenzen im Ländervergleich. Münster u. a.: Waxmann, S. 107–176.
Köller, O.; Knigge, M. & Tesch, B. (Hrsg.) (2010): Sprachliche Kompetenzen im Ländervergleich. Münster u. a.: Waxmann.
Küttel, H. (2000): Probleme des Erwerbs der Orthographie. Kap. 11. In: Nerius, D. (Hrsg.): Duden: Deutsche Orthographie. 3., neu bearb. Aufl. Mannheim: Bibliographisches Institut, S. 404–436.
Krech, E.-M.; Stock, E.; Hirschfeld, U. & Anders, L. (2009): Deutsches Aussprachewörterbuch. Berlin u. a.: de Gruyter.
Landerl, K. (2003): Categorisation of vowel length in german poor spellers: an orthographically relevant phonological distinction. In: Appl. Psycholing. 24, S. 523–538.
Landerl, K. & Moll, K. (2009): Double dissociation between reading and spelling. In: Scientific Studies of Reading 13, H. 5, S. 359–382.
Landerl, K. & Moser, E. (2006): Lesepartner – ein 1 : 1 Tutoring Programm zur Förderung der Leseflüssigkeit. In: Heilpädagogische Forschung 32, S. 27–38.
Landerl, K. & Wimmer, H. (2006): Lese-Rechtschreib-Schwächen. In: Rost, D. H. (Hrsg.): Handwörterbuch Pädagogische Psychologie. 3. Aufl. Weinheim: Beltz, S. 441–450.
Landerl, K.; Wimmer, H. & Moser, E. (1997): Salzburger Lese- und Rechtschreibtest (SLRT). Bern: Huber.
Lindauer, Th. & Schmellentin, C. (2008): Studienbuch Rechtschreibdidaktik. Die wichtigsten Regeln im Unterricht. Zürich: orell füssli Verlag, UTB.
Löffler, C. (2004): Zum Wissen von Primarstufenlehrerinnen zu Orthographie und Orthographieerwerb - Konsequenzen für die Lehreraus- und -fortbildung. In: Bremerich-Vos, A.; Löffler, C. & Herné, K.-L. (Hrsg.): Neue Beiträge zur Rechtschreibtheorie und -didaktik. Freiburg i. Br.: Fillibach, S. 145–161.

Löffler, C. (2011): Heute lese-rechtschreib-schwach, morgen funktionaler Analphabet? In: Schulte-Körne, G. (Hrsg.): Legasthenie und Dyskalkulie: Stärken erkennen – Stärken fördern. Bochum: Winkler, S. 87–97.

Löffler, I.; Meyer-Schepers, U. & Lischeid, Th. (2007): Rechtschreibschwäche im Focus der Kompetenzdiagnostik. Ergebnisse aus der Internat. Grundschul-Lese-Untersuchung (IGLU-E). In: Schulte-Körne, G. (Hrsg.): Legasthenie und Dyskalkulie. Bochum: Winkler, S. 267–280.

Mann, Ch. (2010): Strategiebasiertes Rechtschreiblernen. Selbstbestimmter Orthografieunterricht von Klasse 1-9. Weinheim, Basel: Beltz.

May, P. (2002): Diagnose orthographischer Kompetenz. Zur Erfassung der grundlegenden Rechtschreibstrategien mit der Hamburger Schreib-Probe. 6. Aufl. Hamburg: Verlag für pädagogische Medien.

Mehlem, U. & Sahel, S. (Hrsg.)(2010): Erwerb schriftsprachlicher Kompetenzen im DaZ-Kontext. Freiburg i. Br.: Fillibach.

Mehrtens, K.-H. (1971): Was schreiben unsere Schüler „falsch"? Eine statistische Analyse der Rechtschreibunsicherheit 15- bis 18jähriger Schüler. In: Winklers Flügelstift, H. 3, S. 126–133.

Menzel, W. (1985): Rechtschreibunterricht – Praxis und Theorie. Beiheft zu: Praxis Deutsch, 12, H. 69.

Menzel, W. (1990): Lesen lernen - Schreiben lernen. Braunschweig: Westermann.

Meumann, E. (1908): Ökonomie und Technik des Gedächtnisses. Experimentelle Untersuchungen über das Merken und Behalten. Leipzig: Klinkhardt.

Meyers Kleines Konversations-Lexikon (1906). 7., neubearb. Aufl. in sechs Bänden. Leipzig, Wien: Bibliographisches Institut.

Moats, L. C.; Foorman, B. R. & Taylor, P. (2006): How quality of writing instruction impacts high-risk fourth graders´ writing. In: Reading and Writing: An Interdisciplinary Journal 19, S. 363–391.

Moll, K. & Landerl, K. (2011): Lesedefizite und Rechtschreibdefizite – zwei Seiten derselben Medaille? In: Schulte-Körne, G. (Hrsg.): Legasthenie und Dyskalkulie: Stärken erkennen – Stärken fördern. Bochum: Winkler, S. 11–24.

Moll, K.; Landerl, K. & Kain, W. (2008): Der Rechtschreibteil des SLRT. In: Schneider, W.; Marx, H. & Hasselhorn, M. (Hrsg.): Diagnostik von Rechtschreibleistungen und -kompetenz. Göttingen u. a.: Hogrefe, S. 129–143.

Moll, K.; Wallner, R. & Landerl, K. (2012): Kognitive Korrelate der Lese-, Leserechtschreib- und der Rechtschreibstörung. In: Lernen u. Lernstörungen 1, H. 1, S. 7–19.

Naumann, C. L. (1999): Orientierungswortschatz. Die wichtigsten Wörter und Regeln für die Rechtschreibung. Klassen 1-6. Überarb. 4. Aufl. Weinheim, Basel: Beltz.

Naumann, C. L. (2006): Rechtschreiberwerb. Die graphematischen Grundlagen und eine Modellierung bis zum Ende der Schulzeit. In: Weinhold, S. (Hrsg.): Schriftspracherwerb empirisch. Baltmannsweiler: Schneider Hohengehren, S. 45–86.

Naumann, C. L. (2008): Zur Rechtschreibkompetenz und ihrer Entwicklung. In: Bremerich-Vos, A.; Granzer, D. & Köller, O. (Hrsg.): Lernstandsbestimmung im Fach Deutsch. Weinheim, Basel: Beltz, S. 134–159.

Naumann, J. u. a. (2010): Lesekompetenz von PISA 2000 bis PISA 2009. In: Klieme, E. u. a. (Hrsg.): PISA 2009. Münster u. a.: Waxmann, S. 23–71.

Nerius, D. (Hrsg.) (2000): Duden: Deutsche Orthographie. 3., neu bearb. Aufl. Mannheim: Bibliographisches Institut.

Neuland, E. (1990): Schriftspracherwerb. Ein Diskussionsbeitrag zu Struktur- und Prozeßvorstellungen. In: Muttersprache 100, H. 4, S. 331–341.
Neuland, E.; Peschel, C. (2013): Einführung in die Sprachdidaktik. Stuttgart: Metzler.
Ossner, J. (2006): Geschichte der Didaktik des Rechtschreibens. In: Bredel, U. u. a. (Hrsg.): Didaktik der deutschen Sprache. 2., durchges. Aufl. Paderborn u. a.: Schöningh, Band 1, S. 355–368.
Ossner, J. (2007): Sprachdidaktik Deutsch. 2. überarb. Aufl. Paderborn u. a.: Schöningh, UTB.
Ossner, J. (2010): Orthographisches System und Didaktik. Stuttgart: UTB/Schöningh.
Piaget, J. (1972): Sprechen und Denken des Kindes. Düsseldorf: Schwann.
Plickat, H.-H. (1974): Rechtschreibreform, Rechtschreibfehler, Rechtschreibzensur. In: Westermanns Pädagogische Beiträge 5, H. 5, S. 247–254.
Plickat, H.-H. u. a. (1979): Lernerfolg und Trainingsformen im Rechtschreibunterricht. Bad Heilbrunn/Obb.: Klinkhardt.
Prenzel, M.; Sälzer, Chr.; Klieme, E.; Köller, O. (Hrsg.) (2013, i. Dr.): PISA 2012. Münster: Waxmann Verlag.
Rammstedt, B. (Hrsg.) (2013): Grundlegende Kompetenzen Erwachsener im internationalen Vergleich: Ergebnisse von PIAAC 2012. Münster: Waxmann Verlag.
Ranschburg, P. (1916/2004): Die Leseschwäche (Legasthenie) und Rechenschwäche (Arithmasthenie) der Schulkinder im Lichte des Experiments. Berlin: Springer. [Teilnachdruck in: Thomé, G. (Hrsg.): Lese-Rechtschreib-Schwierigkeiten (LRS) und Legasthenie. Weinheim, Basel: Beltz 2004, S. 166–186].
Ranschburg, P. (1928): Die Lese- und Schreibstörungen des Kindesalters. Halle a. d. Saale: Marhold.
Read, C. (1974): Kenntnisse der englischen Phonologie bei Vorschulkindern. In: Eichler, W. & Hofer, A. (Hrsg.): Spracherwerb und linguistische Theorien. München: Piper Verlag, S. 174–212.
Read, C. (1981): Writing is not the inverse of reading for young children. In: Frederiksen, C. H. & Dominic, J. F. (Hrsg.): Writing: The nature, development, and teaching of written communication. Band 2. Hillsdale, N. J., S. 105–118.
Read, C. (1985): Effects of phonology on beginning spelling : Some cross linguistic evidence. In: Olson, D. R.; Torrance, N. & Hildyard, A. (Hrsg.): Literacy, language, and learning. Cambridge u. a., S. 389–403.
Richter, S. (1994): Interessenbezogenes Rechtschreiblernen. Braunschweig: Westerm.
Richter, S. & Brügelmann, H. (Hrsg.) (1996): Mädchen lernen a n d e r s lernen Jungen. Bottighofen: Libelle Verlag.
Riehme, J. & Heidrich, M. (1970): Die Fehlerursachen analysieren, um die Schwerpunkte der Übungen zu erkennen, I. Über die Verteilung von orthographischen und grammatischen Fehlern in den Klassen 4 bis 10 und den methodischen Schlußfolgerungen, II. In: Deutschunterricht (Ost), H. 6-8, I.: S. 347–355, II.: S. 426–433.
Risel, H. (2003): Entscheidungen „aus dem Bauch" oder mit System? Neue Aspekte der Sprachbuch-Beurteilung am Beispiel Rechtschreiben. In: Lehren und Lernen 1, S. 21–29.
Risel, H. (2011a): Arbeitsbuch Rechtschreibdidaktik. 2. Aufl. Baltmannsweiler: Schneider Verlag Hohengehren.
Risel, H. (2011b): Die Rechtschreibung in Lehrplänen und Bildungsstandards. In: Bredel, U. & Reißig, T. (Hrsg.): Weiterführender Orthographieerwerb. Baltmannsweiler: Schneider Verlag. Hohengehren, S. 257–267.

Röber, Ch. (2009): Die Leistungen der Kinder bei Lesen- und Schreibenlernen: Grundlagen der Silbenanalytischen Methode. Baltmannsweiler: Schneider Verlag.
Rösch, H. (2011): Deutsch als Zweit- und Fremdsprache. Berlin: Akademie Verlag.
Rosebrock, C. & Nix, D. (2012): Grundlagen der Lesedidaktik und der systematischen schulischen Leseförderung. 5., unveränd. Aufl. Baltmannsweiler: Schneider Verlag Hohengehren.
Sasse, A. & Valtin, R. (Hrsg.)(2011): Mädchen und Jungen in der Schule. Förderung von Lesekompetenz und Leseinteresse. Berlin: DGLS.
Saussure, F. de (1916/2001): Grundfragen der allgemeinen Sprachwissenschaft. Hgg. v. Bally, Ch. & Sechehaye, A. 3. Aufl. [Französ. Originaltitel: Cours de linguistique générale. 1. Aufl. 1916. Lausanne, Paris]. Berlin, New York: de Gruyter.
Scheele, V. (2006): Praktische Entwicklung fortgeschrittener Rechtschreibfertigkeiten. Zum Erwerb der `orthographischen´ Strategien. In: Weinhold, S. (Hrsg.): Schriftspracherwerb empirisch. Baltmannsweiler: Schneider Verlag, S. 234–260.
Scheerer-Neumann, G. (1986): Wortspezifisch: Ja – Wortbild: Nein. Ein letztes Lebewohl an die Wortbildtheorie. Teil 1: Rechtschreiben. In: Brügelmann, H. (Hrsg.): ABC und Schriftsprache. Konstanz: Faude, S. 171–185.
Scheerer-Neumann, G. (1987): Kognitive Prozesse beim Rechtschreiben: Eine Entwicklungsstudie. In: Eberle, G. & Reiss, G. (Hrsg.): Probleme beim Schriftspracherwerb. Heidelberg: Edition Schindele, S. 193–219.
Scheerer-Neumann, G. (2004): Lese-Rechtschreib-Schwäche: Wo stehen wir heute? In: Thomé, G. (Hrsg.): Lese-Rechtschreib-Schwierigkeiten (LRS) und Legasthenie. Weinheim, Basel: Beltz, S. 22–39.
Scheerer-Neumann, G. (2006): Lese-Rechtschreib-Schwierigkeiten. In: Kliewer, H.-J. & Pohl, I. (Hrsg.): Lexikon Deutschdidaktik. Bd. 1. Baltmannsweiler: Schneider Verlag Hohengehren, S. 423–425.
Scheufler, S. (2011): Diktate abschaffen! In: Focus Schule, H. 1, S. 36–38.
Schlee, J. (1997): Legasthenie – eine milieubedingte Schwäche? In: Psychologie in Erziehung und Unterricht, 24, H. 4, S. 241–243.
Schneider, W. (1997): Rechtschreiben und Rechtschreibschwierigkeiten. In: Weinert, F. E. (Hrsg.): Psychologie des Unterrichts und der Schule. Bd. 3. Göttingen: Hogrefe, S. 327–363.
Schneider, W. (2008): Entwicklung und Erfassung der Rechtschreibkompetenz im Jugend- und Erwachsenenalter. In: Schneider, W.; Marx, H. & Hasselhorn, M. (Hrsg.): Diagnostik von Rechtschreibleistungen u. -komp. Göttingen: Hogrefe, S. 145–157.
Schneider, W. & Stefanek, J. (2007): Entwicklung der Rechtschreibleistung vom frühen Schul- bis zum frühen Erwachsenenalter: Längsschnittliche Befunde der Münchner LOGIK-Studie. In: Zeitschrift für Pädagogische Psychologie 21, H. 1, S. 77–82.
Schneider, W.; Marx, H. & Hasselhorn, M. (Hrsg.) (2008): Diagnostik von Rechtschreibleistungen und -kompetenz. Göttingen u. a.: Hogrefe.
Schründer-Lenzen, A. (2013): Schriftspracherwerb. 4., überarb. Aufl. Wiesbaden: Springer Verlag.
Schulte-Körne, G. (2004): Lese-Rechtschreib-Störung – Symptomatik, Diagnostik, Verlauf, Ursachen und Förderung. In: Thomé, G. (Hrsg.): Lese-Rechtschreib-Schwierigkeiten (LRS) und Legasthenie. Weinheim: Beltz, S. 64–85.
Schulte-Körne, G. (2009): Ratgeber Legasthenie. Frühzeitig erkennen. München: Knaur
Schulte-Körne, G. (2010): Diagnostik und Therapie der Lese-Rechtschreib-Störung. In: Deutsches Ärzteblatt 107, H. 41, S. 718–726.

Schulte-Körne, G. (Hrsg.) (2011): Legasthenie und Dyskalkulie: Stärken erkennen – Stärken fördern. Hgg. in Zusarb. mit dem Bundesverband Legasthenie und Dyskalkulie e. V. Bochum: Winkler.

Siebs (1964/2000): Deutsche Aussprache. Reine und gemäßigte Hochlautung mit Ausspracheworterbuch. Hgg. v. Boor, H. de u. a. 19., umgearb. Aufl. Wiesbaden: VMA-Verlag. [Erstaufl. erschien 1964, Leipzig, Titel „Deutsche Bühnenaussprache“].

Siekmann, K. (2011): Der Zusammenhang von Lesen und (Recht-)Schreiben. Empirische Überprüfung der Transferleistung zwischen der rezeptiven und der produktiven Fertigkeit. Frankfurt/M. u. a.: Lang.

Siekmann, K. (2013): Individuelle Diagnose und Förderung bei Rechtschreibschwierigkeiten. Berlin: Cornelsen Verlag.

Siekmann, K. & Thomé, G. (2012): Der orthographische Fehler. Grundzüge der orthographischen Fehlerforschung u. aktuelle Entw. Oldenburg: isb. Verlag.

Souvignier, E. (2013): Diagnostik von Leseverstehensleistungen. In: Fay, J. (Hrsg.): (Schrift-)Sprachdiagnostik heute. Baltmannsweiler: Schneider Verlag Hohengehren, S. 149–163.

Spitta, G. (1988): Geben wir den Kindern Zeit, damit sie aus den Fehlern lernen können! In: Die Grundschulzeitschrift, 2, H. 12, S. 6–12.

Stanat, P.; Pant, H. A.; Böhme, K. & Richter, D. (Hrsg.) (2012): Kompetenzen von Schülern und Schülerinnen am Ende der vierten Jgsst. in d. Fächern Deutsch und Mathematik. Ergebnisse des IQB-Ländervergl. 2011. Münster: Waxmann.

Steinig, W. u. a. (2009): Schreiben von Kindern im diachronen Vergleich. Texte von Viertklässlern aus den Jahren 1972 und 2002. Münster u. a.: Waxmann.

Suchodoletz, W. v. (Hrsg.)(2006): Therapie der Lese-Rechtschreibstörung (LRS): Traditionelle und alternative Behandlungsverfahren im Überblick. 2., überarb. u. erw. Aufl. Stuttgart: Kohlhammer.

Suchodoletz, W. v. (Hrsg.)(2010): Therapie von Entwicklungsstörungen. Was hilft wirklich? Göttingen: Hogrefe.

Thomé, G. (1992): Alphabetschrift und Schriftsystem. Die Prinzipien der Orthographie aus schrifthistorischer Sicht. In: Zeitschrift f. germ. Linguistik 20, H. 2, S. 210–226.

Thomé, G. (1996): „Schreiben durch Lesen“ oder „Lesen durch Schreiben“, Fibel oder Anlauttabelle? In: Grundschulunterricht 43, H. 1, S. 14–16.

Thomé, G. (1999): Orthographieerwerb. Qualitative Fehleranalysen zum Aufbau der orthographischen Kompetenz. Frankfurt/M.: Lang.

Thomé, G. (2000): Möglichkeiten und Grenzen der Arbeit mit Anlauttabellen. In: Valtin, R. (Hrsg.): Rechtschreiben lernen in den Klassen 1 - 6. Frankfurt/M.: Grundschulverband, Arbeitskreis Grundschule, S. 116–119.

Thomé, G. (2006): Entwicklung der basalen Rechtschreibkenntnisse. In: Bredel, U. u. a. (Hrsg.): Didaktik der deutschen Sprache. 2., durchges. Aufl. Paderborn u. a.: Schöningh, Band 1, S. 369–379.

Thomé, G. & Eichler, W. (2008): Rechtschreiben Deutsch. In: DESI-Konsortium (Hrsg.): Unterricht und Kompetenzerwerb in Deutsch und Englisch. Ergebnisse der DESI-Studie (Deutsch Englisch Schülerleistungen International). Weinheim, Basel: Beltz, S. 104–111.

Thomé, G. & Gomolka, J. (2007): Rechtschreiben. In: Beck, B. & Klieme, E. (Hrsg.): Sprachliche Kompetenzen. Konzepte und Messung. DESI (Deutsch Englisch Schülerleistungen Intern.) Ergebnisse. Weinheim: Beltz, S. 140–146.

Thomé, G. & Hartmann, R. (2000): Vorstellung und Analyse ausgewählter Rechtschreibmaterialien. In: Valtin, R. (Hrsg.): Rechtschreiben lernen in den Klassen 1 – 6. Frankfurt/M.: Grundschulverb., AK Grundschule, S. 146–153.
Thomé, D. & Thomé, G. (2010a): Ratgeber Rechtschreibprobleme, LRS/Legasthenie. Erfahrungsberichte, Perspektiven, Auswege. Oldenburg: isb. Verlag.
Thomé, G. & Thomé, D. (2010b): OLFA 3-9 – Oldenburger Fehleranalyse für die Klassen 3-9. Instrument und Handbuch zur Ermittlung der orthographischen Kompetenz und Leistung aus freien Texten. 2., erw. u. verb. Aufl. Oldenburg: isb. Verlag.
Thomé, G. & Thomé, D. (2011): OLFA 1-2 – Oldenburger Fehleranalyse für die Klassen 1 und 2. Handbuch und Instrument zur Ermittlung der orthographischen Kompetenz aus freien Texten. 2., verb. Aufl. Oldenburg: isb. Verlag.
Thomé, D. & Thomé, G. (2012): Fahrt in die Ritterzeit. Eine spannende Lese-Schreibreise mit Wortbausteinen. 2. Aufl. Oldenburg: isb. Verlag.
Thomé, G. & Thomé, D. (2013): 3 Lesehefte. Reihe: Richtig einfach lesen mit dem Basiskonzept® Lesen. Oldenburg: isb. Verlag.
Thomé, G.; Corvacho del Toro, I. & Thomé, D. (2011): Grundlagen qualitativer Fehleranalysen. In: Schulte-Körne, G. (Hrsg.): Legasthenie und Dyskalkulie: Stärken erkennen – Stärken fördern. Bochum: Winkler, S. 43–49.
Thomé, G.; Siekmann, K. & Thomé, D. (2011): Phonem-Graphem-Verhältnisse in der deutschen Orthographie. Ergebnisse einer neuen 100.000er-Auszählung. In: Schulte-Körne, G. (Hrsg.): Legasthenie und Dyskalkulie: Stärken erkennen – Stärken fördern. Bochum: Winkler, S. 51–64.
Treiman, R. (1993): Beginning to spell. A study of first-grade children. New York, Oxford: Oxford University Press.
Treiman, R. (2006): Knowledge about letters as a foundation for reading and spelling. In: Joshi, R. M. & Aaron, P. G. (Hrsg.): Handbook of Orthography and Literacy. Mahwah, N. J.: Erlbaum, S. 581–599.
Treiman, R.; Kessler, B. & Pollo, T. C. (2006): Learning about the letter name subset of the vocabulary. In: Applied Psycholinguistics 27, S. 211–227.
Trubetzkoy, N. S. (1939/1989): Grundzüge der Phonologie. 7. Aufl. Göttingen: Vandenhoeck & Ruprecht.
Valtin, R. (1981): Zur Machbarkeit der Ergebnisse der Legasthenieforschung. In: Valtin, R.; Jung, U. & Scheerer-Neumann, G.: Legasthenie in Wissenschaft und Unterricht. Darmstadt: Wissenschaftliche Buchgesellschaft, S. 88–182.
Valtin, R. (1988): Schriftspracherwerb als Entwicklungsprozeß. In: Grundschule 20, H. 12, S. 12–16.
Valtin, R. (2006): Methoden des basalen Lese- und Schreibunterrichts. In: Bredel, U. u. a. (Hrsg.): Didaktik der deutschen Sprache. 2., durchges. Aufl. Paderborn u. a.: Schöningh, Bd. 2, S. 760–771.
Valtin, R. (2004): Das Konstrukt Legasthenie – Wem schadet es? Wem nutzt es? In: Thomé, G. (Hrsg.): Lese-Rechtschreib-Schwierigkeiten (LRS) und Legasthenie. Weinheim, Basel: Beltz, S. 56–63.
Valtin, R.; Voss, A. (2010): Rechtschreibung und Förderung – aktuelle Ergebnisse aus IGLU. In: Grundschule Deutsch 27, S. 42–43.
Valtin, R.; Naegele, I. & Thomé, G. (2000): Nicht nachahmenswert – vier Ärgernisse in Rechtschreibmaterialien. In: Valtin, R. (Hrsg.): Rechtschreiben lernen in den Klassen 1-6. Frankfurt/M.: Grundschulverb., S. 154–158.

Valtin, R. u. a. (2003): Orthographische Kompetenzen von Schülerinnen und Schülern der vierten Klasse. In: Bos, W. u. a. (Hrsg.): Erste Ergebnisse aus IGLU. Schülerleistungen am Ende der vierten Jahrgangsstufe im internationalen Vergleich. Münster u. a.: Waxmann, S. 227–264.

Valtin, R.; Schulte-Körne, G., Thomé, G. (Hrsg.) (2014, i. Vorb.): LRS – Legasthenie: interdisziplinär. Oldenburg: isb Verlag.

Valtin, R.; Wagner, Ch. & Schwippert, K. (2005): Schülerinnen und Schüler am Ende der vierten Klasse – schulische Leistungen, lernbezogene Einstellungen und außerschulische Lernbedingungen. In: Bos, W. u. a. (Hrsg.): IGLU. Vertiefende Analysen. Münster u. a.: Waxmann, S. 187–239.

Weigl, E. (1974): Zur Schriftsprache und ihrem Erwerb – neurophysiologische und psycho-linguistische Betrachtungen. In: Eichler, W. & Hofer, A. (Hrsg.): Spracherwerb und linguistische Theorien. München: Piper, S. 94–173.

Weimer, H. (1929): Psychologie der Fehler. 2., verbess. Aufl. Leipzig: Klinkhardt.

Weinhold, S. (2006): Entwicklungsverläufe im Lesen- und Schreibenlernen in Abhängigkeit verschiedener didaktische Konzepte. In: Weinhold, S. (Hrsg.): Schriftspracherwerb empirisch. Baltmannsweiler: Schneider Verlag Hohengehren, S. 120–151.

Weinhold, S. (2009): Effekte fachdidaktischer Ansätze auf den Schriftspracherwerb in der Grundschule. In: Didaktik Deutsch 27, S. 53–75.

Willenberg, H. (2007): Erhellende Resultate des DESI-Projektes für den Unterricht. In: Willenberg, H. (Hrsg.): Kompetenzhandbuch für den Deutschunterricht. Baltmannsweiler: Schneider Verlag Hohengehren, S. 175–180.

Wimmer, H. & Mayringer, H. (2002): Dysfluent reading in the absence of spelling difficulties: A specific disability in regular orthographies. In: Journal of Educational Psychology 94, S. 272–277.

Wimmer, H.; Mayringer, H. & Landerl, K. (2000): The double deficit hypothesis and difficulties in learning to read a regular orthography. In: Journal of Educational Psychology 92, S. 668–680.

Wößmann, L. & Piopiunik, M. (2009): Was unzureichende Bildung kostet. Gütersloh: Bertelsmann Stiftung.

Wygotski, L. S. (1934/1971): Denken und Sprechen. 2., korr. Aufl. Frankfurt/M.: Fischer [Russischer Originaltitel erschien 1934].

Zerahn-Hartung, C. u. a. (2002): Normverschiebungen bei Rechtschreibleistungen und sprachfreier Intelligenz. In: Praxis der Kinderpsychologie und Kinderpsychiatrie 4, S. 281–297.

Sachregister und Abkürzungen